SEINO
NFH

TAN PEN TON

BONNIE
HAIR
ENTRANCE

TAN PEN TON

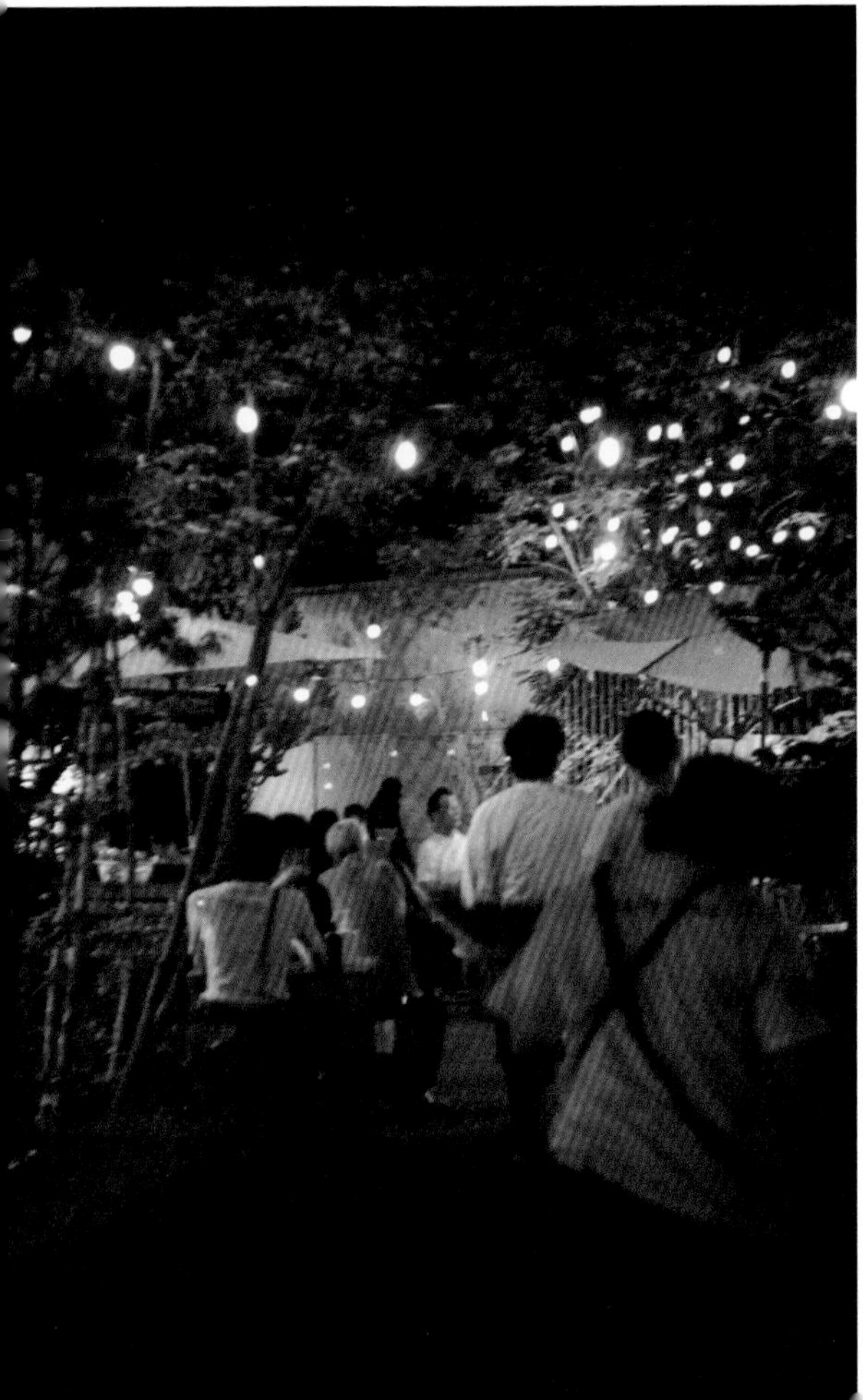

COUNTER
氷

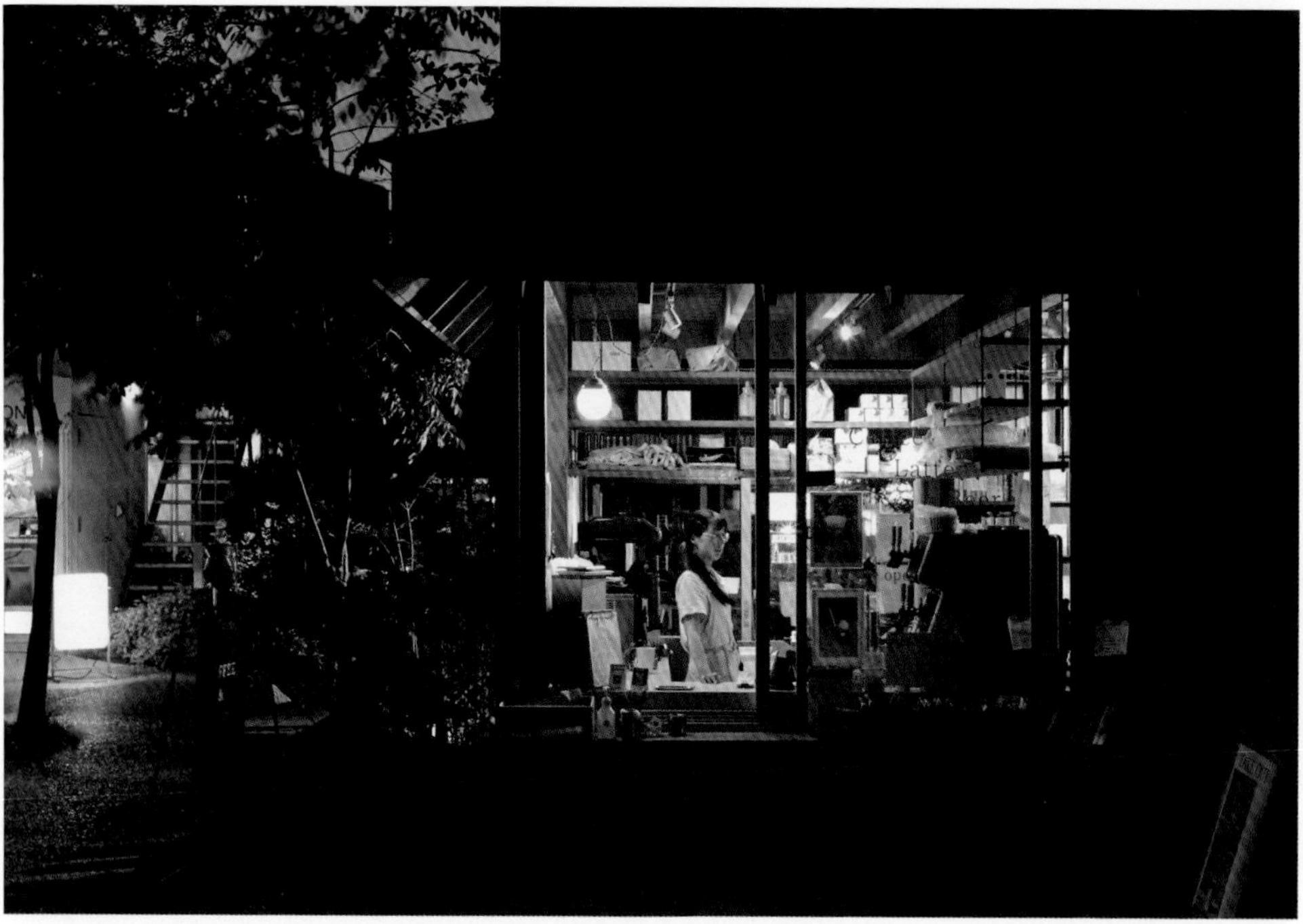

「ボーナストラック」（2020年）
設計：ツバメアーキテクツ　撮影：高野ユリカ

ふたしかさを生きる道具

ツバメアーキテクツ

TOTO出版

目次

はじめに　ふたしかさを生きる道具

本書はツバメアーキテクツでの実践を通した、発見や気付きをまとめたものである。ツバメアーキテクツではこれまで小さな八百屋の内装にはじまり、住宅、福祉施設、商業施設の設計、街づくりなど、様々な仕事に関わってきた。それぞれ場所も用途も規模も異なるので、これら個別のプロジェクトを横断するような考え方やコンセプトを提示することは正直なところ難しいのだが、そこでの問題意識は根っこではつながっていたように感じている。それは、自分たちの生きる環境が自分たちとは無関係に決まっているような感覚、誰かがあらかじめ決めた物事の中で生かされているような感覚に起因するものだ。なぜこのような感覚が生まれているのか。そしてこうした状況に対して、身の回りの空間的環境をつくる建築にはなにができるだろうかと考えてきた。

ツバメアーキテクツは、山道、千葉、西川の3人が共同主催する建築設計事務所で、

2013年に設立した。このような問題意識をもったきっかけは、事務所設立の少し前、我々3人が大学を卒業して働き始める前後で起きた東日本大震災である。福島第一原子力発電所事故では、私たちの暮らしが原子力に支えられていることが前景化した。当然のように電気が使える日常の中で、こうした基本的な事実に普段は目を向けることができない。またそこに疑問を抱いたとしても、社会のシステムは巨大でどこから批判していいのかもわからない。政治や経済、科学、教育、文化など様々な要素が複合して社会は成り立っている。それらの要素は独立して専門性を高めつつも、その時の経済の状況が政治に反映され、政治が科学に影響を与えというように、互いに互いを利用し合って強固な関係を築き上げている。身の回りのものには、そうした社会が少なからず内蔵されて私たちの元へ届いている。その過程で、エネルギーも、食べ物も、家も、想像することが困難なほど様々な思惑が埋め込まれ、背景が見えなくなっている。自分とは無関係という感覚は、身の回りの物事の背景の不透明さ、捉えどころのなさによるものだ。人間がつくり上げた社会システムは、様々な思惑が複雑に絡み合うコントロール不能な手に余る道具になっている。

私たちの日常を構成するものは、いかにも確からしくみえ、だけれども不確かである。震災を経て同様のことを感じた人は少なくないはずだ。しかし、嘆かわしいことばかりではない。こうした気付きが、実感のもてる物事、本当に確かだと感じる物事を手繰り寄せようとする実践につながるからである。例えば原発事故による環境問題への意識の高まりは、エネルギーの自給自足、オフグリッドを目指す動きを生んだ。あるいはコロナパンデミックによって、住むこと、働くことが切り分けられた生活を見直して、移住などの新たな暮らし方を選択する人も増えた。たとえささやかなことであっても、こうした個別の実感に基づいた実践は、確からしい既存のシステムを相対化し、是正していくための原動力を生む。グローバルよりもローカルなもの、新品よりも使い慣れたもの、効率的でなくとも目に見える関係性をというような、既存のシステムでは軽視されている価値を呼び起こし、見直しを迫る。トップダウン的な社会変革ではなく、それぞれの皮膚感覚を頼りに、暮らしを再構築していこうとする実践に私たちはリアリティを感じる。建築はこうした実践を後押しするものであってほしい。私たちが建築に重ねるのは、不確かさの中で、それでも実感のもてる物事を手繰り寄せ、自分たちの生きる環境を自分たちで扱えるものにするための身の丈に合った道具としての姿である。

本書のタイトルに「道具」という言葉を付けたのは、大きくふたつの理由がある。ひとつは、生きる環境が決められていってしまうという受動的な状況に対して、道具があることによって、身の回りの物事に働き掛け、扱えるものにしていけるという能動的なニュアンスをもたせたかったからである。

建築は本来的には、なんらかの目的のために建てられるものだから、道具的な側面をもつものだ。しかし逆に、建築がそこで過ごす人のふるまいを規定し、暮らしを枠付けてしまうこともある。道具に人が枠付けられてしまう状況を指摘した書籍に、イヴァン・イリイチの『コンヴィヴィアリティのための道具』がある。イリイチは技術（道具）が進歩していく過程にふたつの段階があるとした。ひとつは人が道具を使いこなすことで自由度が高まる段階。ふたつ目は人が道具に隷属していく段階である。産業主義が推進する際限のない進歩は、道具をこのふたつ目の段階に到達させることを指摘している。そして、コンヴィヴィアリティ（自立共生）——人間の自立的で創造的な交わりの中で実現される個的自由——を持続するためには、道具が責任をもって限界付けられ、ひとつ目の段階に留められる必要があるとした。

建築も経済性、効率性ばかりが優先されてしまったり、管理の側面ばかりが優先されてしまえば、そこで過ごす人びとのふるまいを制限するものになってしまう。私たちは建築を、建築があることによって創造的なふるまいを可能にするような道具にしたいと思う。そのためには、産業主義の中で建築が生み出される枠組み自体を見直し、組み替えていく必要がある。

もうひとつの理由は、建築を多様な事物の結節点として捉えたいという思いからである。道具があることによって、人は道具が働き掛ける対象と関係を結ぶことができる。こうした人ともの、ものとものを関係付ける媒介性ともいえる側面が道具にはある。道具としての建築とは、建築が結び付ける事物が建築によって、捉えられるもの、扱えるものになっている状態をイメージしている。例えばそれは、建築によって光や風を認識することができ、調整できるような状態。あるいはそれは、建築が地場の材料でつくられることによって、地域との関係が捉えられるようになっている状態である。

マルティン・ハイデガーは『存在と時間』の中で、道具の本質は「〜のためのなにか」であると述べた。そのことによって、道具はそれ自体で存在するのではなく、その対象と関わりをもった「ひとまとまりの道具立て全体」に属すものとした。例えばハンマーは釘を打つためにあり、釘は板を留め付けるためにあるというように、道具は「〜のために」というかたちで相互に指示し合い、ひとつの連関をなしている。この連関が先んじて存在しており、道具はそこに属したものであるという捉え方。つまりハンマーはただそれだけで客体的に存在するのではなく、釘や板、あるいはその原料としての木材や鋼、それを扱う人の身体などとの関わりの中に初めて存在するということである。

こうした認識に基づけば、道具としての建築はそれ単体で自律的に存在するものではなく、

「〜のために」によって結ばれた様々な事物との関係が、多元的に折り重なった場であると捉えられる。関係する対象は建物や敷地を超えて、周辺環境や街、地域の森、太陽や風などの事物へと無限に広がっていく。とするならば、建築家に求められるのは、どのような事物を取り集め、関係を結ぶのかを明らかにしていくことだ。そしてそれらをひとつの場に共存させつつも、発見可能になるようなバランスを探っていくことだ。

自分たちの生きる環境を自分たちで扱えるものにしていくためには、不確かさを認めた上で、実感のもてる物事を一つひとつ手探りに積み上げていくほかないのではないか。建築を生み出す枠組み自体を見直し、その場所に関わる事物との結び付きを明らかにしていくことを通して、建築をそのための道具とすること、それが本書のテーマである。本の構成は我々3人がプロジェクトを通して発見した気付きや方法を2章ずつ担当して執筆するかたちとしている。それぞれが得た気付きを自由に書いているため、体系的な内容になってはいない。だが、知らず知らずのうちに決められていってしまう物事を、なんとか扱える状態に引き戻していこうとする態度は一貫している。また執筆した文章を題材に、青井哲人さん、小川さやかさん、高野ユリカさんという分野の異なる3名の方々との対談も行った。御三方のおかげで、上手く言葉にできなかった部分が浮かび上がり、全体を補完する内容になっていると思う。本書が少しでも、不確かな社会の中で、暮らしを再構築していくためのヒントになればうれしい。

第一章
建築の仮説を立てる「デザイン」と「ラボ」の循環

――山道拓人

建築の分水嶺

産業主義社会の限界を感じ、次なる生き方を模索する人びとが登場している。なにかを変えようと暮らしの工夫を実践する人たちだ。その人たちと建築をつくり、想像を超えた使われ方を目の当たりにすると、新たな都市のあり方を予感せざるを得ない。暮らしの想定を自ら調整していける建築や社会を、建築家はつくれるだろうか。

イヴァン・イリイチ[1]の『コンヴィヴィアリティのための道具』によると、社会と道具の関係には分水嶺があるという。社会が便利になる第一ステップよりも、道具を維持するために人間側が使われるという逆転が起きたり、特定の誰かに道具が専有されたりする第二ステップに気を付けなければならない。

イリイチはこのことを1910年代の医療を引き合いに出して説明している。同時期の日本の都市や建築の状況に目を向けると理解が進む。実業家の小林一三[2]は1910年代、都心と郊外を結んだ鉄道沿いに住宅地をつくり、現在の住宅ローンにも通じる仕組みを考え、一般人もマイホームをもてるようにした。さらに小林は百貨店など目的性の高い施設をつくった。住む、働く、遊ぶ、で都市を分け、鉄道でつなぎ、通勤・通学の枠組みをつくり出した。これに倣い日本各地で都市開発が始まった。都市が便利になっていく第一ステップといえよう。同時代においては場所によらず床を積み上げる合理的なシステムであるル・コルビュジエのド

1　イヴァン・イリイチ（1926〜2002年）ウィーン生まれ。文明批評家。現代文明批判、現代産業社会批判で知られる。

2　小林一三（1873〜1957年）山梨県生まれ。実業家、政治家。阪急電鉄をはじめとする阪急東宝グループの創業者。鉄道会社の開発・経営モデルの原型をつくり上げた。

ミノシステムが1914年に発表された。

以降、日本で鉄道開発が進むと、主要な駅に近いほど、必然的に土地の値段は高くなっていく。今日の再開発は、駅・住宅・商業・行政機能をタワーに集約する。経済的な価値を高め、駅前の商店街や裏側の飲み屋街、街のカルチャーを衰退させた。また周辺の住宅地は、住まい手が自分で修理することもままならない商品化住宅が占めるようになった。産業的な風景が広がった第二ステップである。都市や家は想定通りに使わないといけなくなりリスクを回避することが常に求められるようになった。なんだか息苦しくなったタイミングである。

2020年、コロナ禍に突入し、通勤・通学という暮らし方の条件の見直しが迫られた。そこから芋づる式に、当たり前だと思っていたものごとの想定が変化していった。この変化の兆しは、2011年の東日本大震災でインフラが壊れた時からあったのかもしれない。社会の想定というものは、案外短いサイクルで変化していく。

冒頭の「次なる生き方」は、産業主義社会的な価値観をベースにした第二ステップを見直す人びとに付与される。社会の想定が変化しやすい今こそ、そういった人たちと建築の仮説について考えるタイミングだといえる。

ツバメアーキテクツでは、建築の設計部門「デザイン」と、建築の前と後に関して研究・開発するシンクタンク部門「ラボ」の両輪を循環させる設計プロセスを駆使してプロジェクトに取り組んでいる。この体制を取る目的は、産業主義社会の中で了解されている様々な想定を疑うことで、建築の仮説を立て、次なる生き方をする人や事業主体と協働し、その仮説を社会に実装・検証することにある。依頼を受けたものをつくる・つくったらおしまい、という一般的な設計プロセス自体を見直そうとしている。

我々は2011年の東日本大震災のタイミングで大学院を修了し、活動が軌道に乗りそうな2020年にはコロナ禍に突入した。昨日まで考えていた建築が明日から役に立たなくなるかもしれないという事態に直面することが、我々の設計プロセスに大きな影響を与えたことはいうまでもない。ここからはまず、「デザイン」と「ラボ」というフレームワークを考えるに至った参照事例について書いていこうと思う。

設計プロセス論の萌芽——1960年代

1960年代の高度経済成長期に育まれた設計プロセス論がある。戦後から高度経済成長期に掛けて、想定というものは刻一刻と変化する時代だったのだろう。そういった先の読めない状況に対応するために設計という行為自体を捉え直そうとする設計プロセス論には現在も学ぶべきところがある。

まず、「代謝建築論——か・かた・かたち」は菊竹清訓[3]によって1961年に提案された。建築の形態はその機能に従って設計されるべきだとする機能主義の限界を乗り越えるための設計理論である。「か」は本質論的段階で構想のようなもの、「かた」は実体論的段階で法則や方法のようなもの、「かたち」は現象論的段階で形態や感覚のようなものを指す。認識のプロセスは「かたち」→「かた」→「か」の順番で起こり、設計のプロセスは逆回りの回転になる。つまり、ダイアグラムが建築をつくる時にも使う時にも駆動できるひとつのフレームに統合されているのがポイントである。ちなみに、これに合わせて事務所の体制も3部門（か＝構想・企画、

3　菊竹清訓（1928〜2011年）福岡県生まれ。建築家。1960年代後期から70年代にかけてデザイン論「代謝建築論——か・かた・かたち」を掲げ、日本のメタボリズム運動を牽引したひとり。

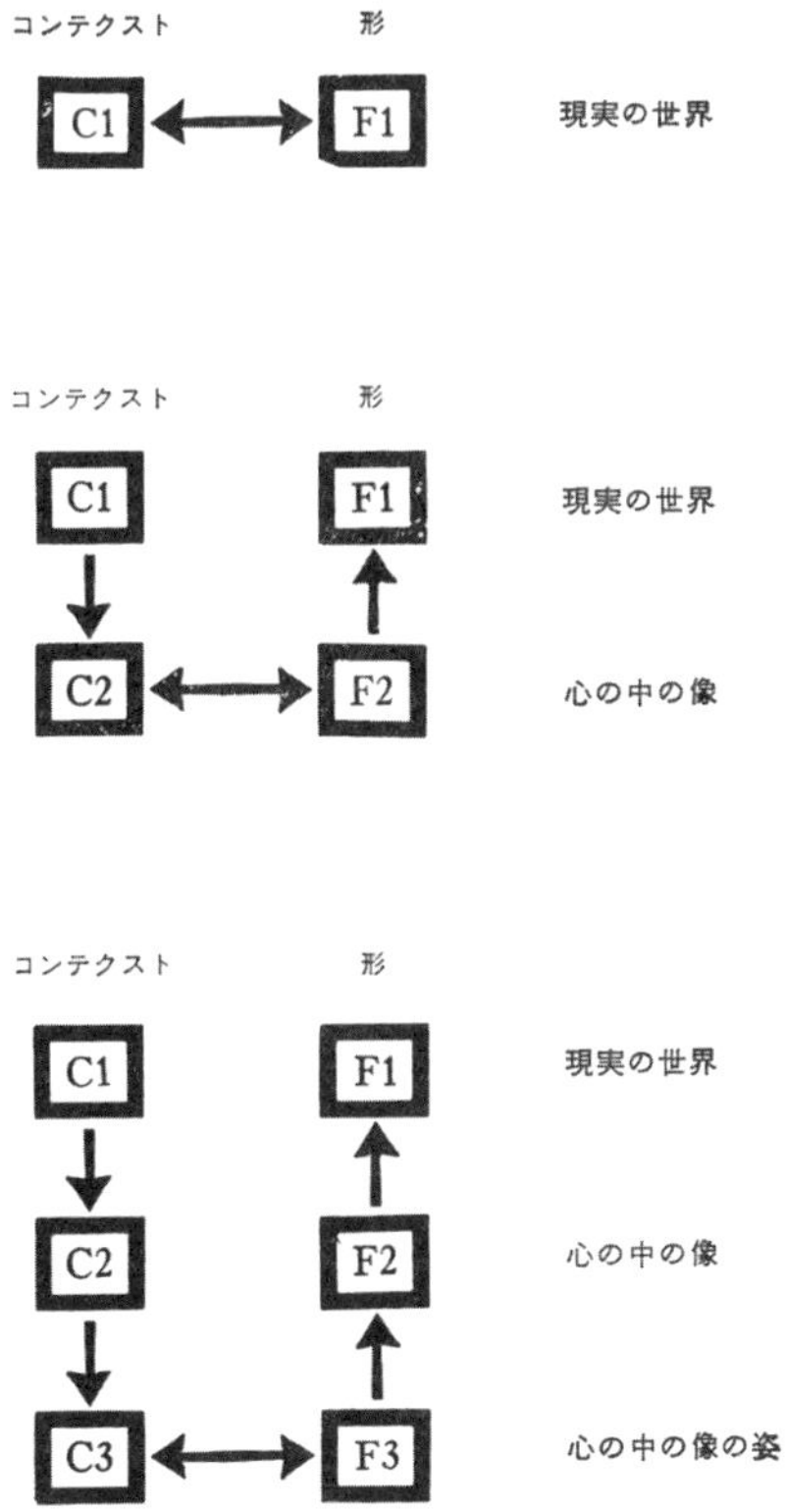

3段階のデザイン・プロセス　出典：『形の合成に関するノート／都市はツリーではない』鹿島出版会

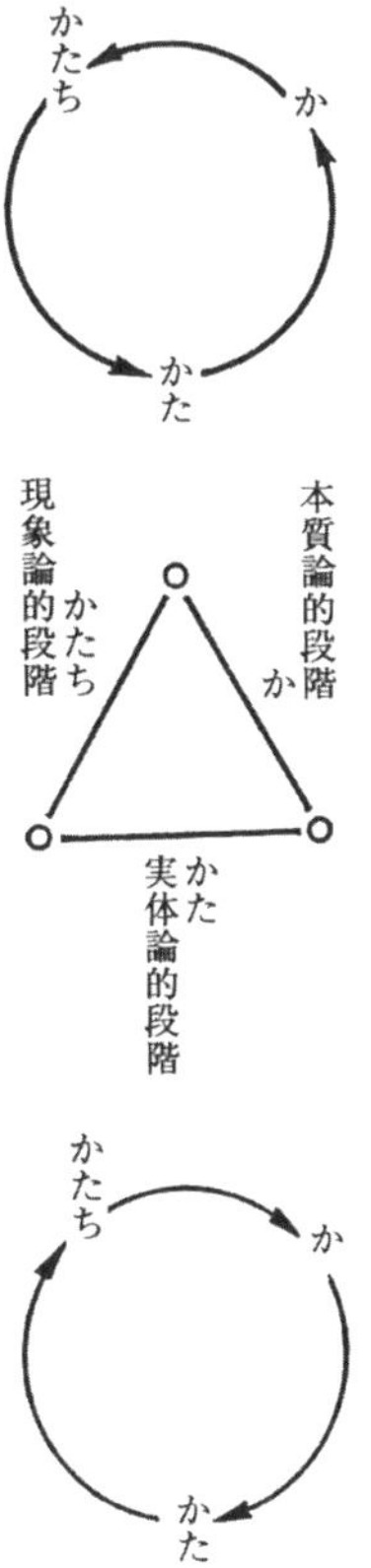

「か・かた・かたち」のダイアグラム　出典：『復刻版　代謝建築論――か・かた・かたち』彰国社

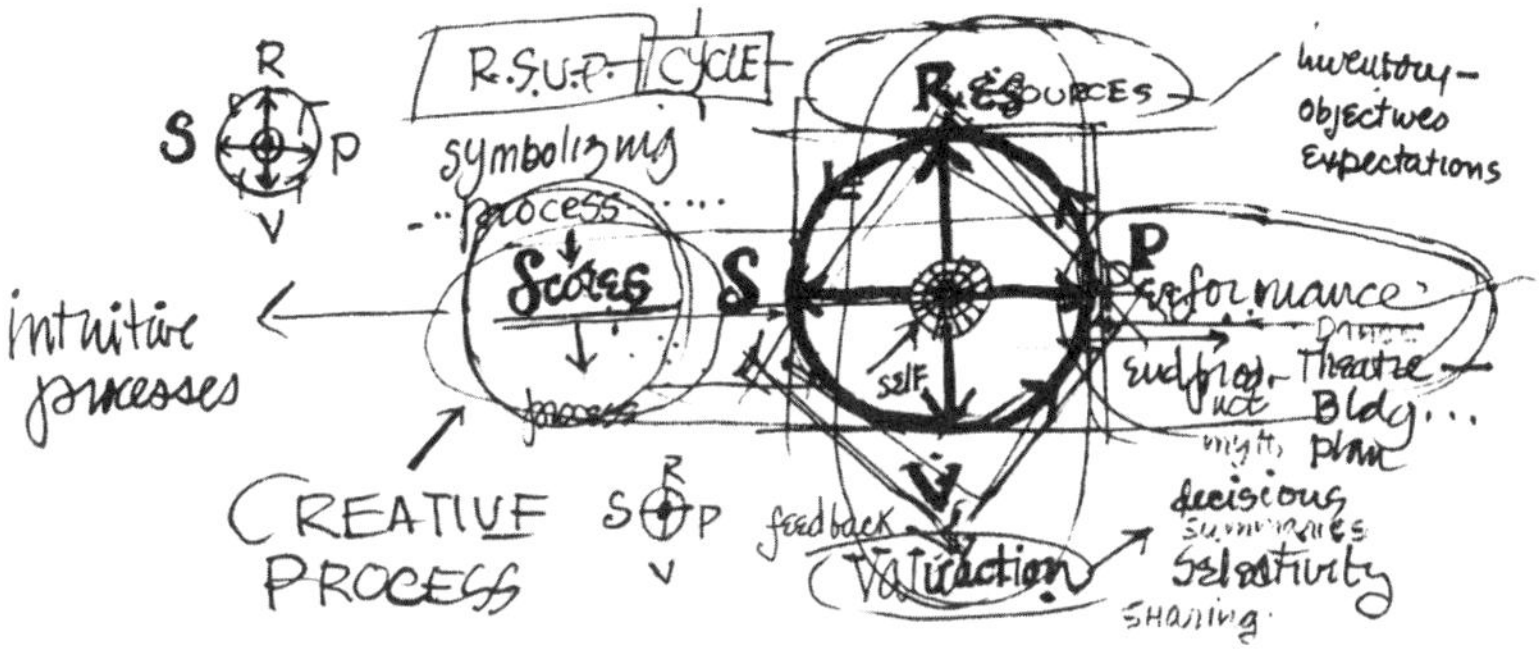

「RSVPサイクル」のダイアグラム
出典：『プロセス・アーキテクチュア No. 4 ローレンス・ハルプリン』プロセス・アーキテクチュア

かた＝基本設計、かたち＝実施設計という具合だろうか？）に分かれていたというのが興味深い。依頼内容を超えていくようなヴィジョンを描いたり、つくったものからフィードバックを得ながら自分たちの想定をどんどん拡張したり、両向きの回転の力を使って時代を乗り越えようとしたところには現在でも学びがある。

建築家・磯崎新[4]が提唱した「プロセス・プランニング」論（1962年）は、竣工後に明らかに起きる想定の変化（用途変更・改修・増築など）に対応する方法論である。初期作である「大分県立図書館」（1967年）は、地域の人口や蔵書が増え続けることに対応するために、「成長する建築」として設計されている。成長する建築を現実のあるタイミングで存在させるために「切断」された（ような）RCのチューブ状の梁や、端部が切り立つ二重の壁など特徴的な表現がみられる。

1960年代は個別の建築家によるプロセス論だけではなく、都市の想定の変化に対応するために新陳代謝する都市を構想するメタボリズム[5]という建築運動もみられた。この時代を彩る数々の論やプロジェクトには共感するし今も学ぶべきところがたくさんあるが、都市の想定の変化をしなやかに乗り越えた事例は少ない。具体的な提案となるとスケールが巨大すぎたり、骨格やディテールがあまりに特殊だったりで、今の私たちには触りにくく、身の丈に合っていないように映る。

他にもデザインを民主化しようとした、クリストファー・アレグザンダー[6]の理論と実践にも学ぶことがある。『形の合成に関するノート』（1964年）で、デザイン・プロセスに関してC（コンテクスト）とF（フォーム・かたち）の関係を3段階のダイアグラムで示している。第一段階は伝統的な職人の経験を通じてCとFを対応させるデザイン。（アレグザンダーは「無自覚な状況」

4　磯崎新（1931〜2022年）大分県生まれ。建築家。ポストモダン建築を国際的にリードした。他領域にも大きな影響を与えた。

5　メタボリズム　建築の新陳代謝をテーマとした建築運動。メンバーは評論家の川添登、建築家の菊竹清訓、黒川紀章、大高正人、槇文彦、デザイナーの栄久庵憲司、粟津潔ら。

6　クリストファー・アレグザンダー（1936〜2022年）ウィーン出身。建築家、都市計画家。建築・都市計画の理論として考案した「パタン・ランゲージ」が知られる。

と呼んでいる。伝統工芸のデザインを想像してみるとわかりやすい。）第二段階は近代的なデザイナーが経験や勘によってＣとＦを対応させるデザイン（「自覚的な状況」）。第三段階は、かたちとコンテクストが完全に抽象化・記号化されたデザインであり、デザイナーに頼らず誰でも参加できるようにする。これは、「パタン・ランゲージ」という方法でその後展開している。「パタン・ランゲージ」とは、かたちとコンテクストがセットになったレシピのようなもので、組み合わせることで誰でもデザインを組み立てることができる。アレグザンダーが日本で手掛けた「盈進学園東野高等学校」（１９８５年）のプロジェクトでは、「パタン・ランゲージ」が駆使された。そこで採られた実践（ワークショップ）的な設計・施工の進め方は「杭位置やブルドーザーの動きをその場で決める」ような、考えながらつくる手法だったという。言うなればボトムアップ（デザインへの参加・民主化）とトップダウン（デザインの決定）を組み合わせるというアイディアだったのかと思うが、両者を「同時に」行うことによる困難さは想像に容易い。現実には、試行錯誤という名の手戻りにたくさんの工事関係者が付き合わされることになるなど、様々な側面（時間やコストなど）で無理が生じたに違いない。一度に全体をつくりきらないことを活かせる事業やプログラムを構想できれば、つくると使うを「交互に」展開することで、想定をダイナミックに調整していくような建築をつくることができるだろう。

まさにこういった建築の実践的な展開を予感させるものとして、ランドスケープ・アーキテクトであるローレンス・ハルプリン[7]によって１９６６年に提案された、集団で協働する方法「ＲＳＶＰサイクル」がある。ダンサーである妻のアンナ・ハルプリンとのワークショップがきっかけとなって考えられた。Ｒ（リソース）は、使える要素や与条件のようなものである。Ｓ（スコア）は、楽譜から着想しており、ルールや方針を示した指針書のようなものである。Ｐ（パフォーマ

7　ローレンス・ハルプリン（１９１６～２００９年）アメリカ生まれ。ランドスケープ・アーキテクト。ダンサーで妻のアンナ・ハルプリンと共に、今日のワークショップ手法の礎をつくった。

左から、コンポジショナル・フォーム／メガ・フォーム／グループ・フォーム　出典：『メタボリズムとメタボリストたち』美術出版社

ンス）は、集団によって実践がなされる段階である。V（ヴァリュアクション）は実践の分析を行い、次の実践にフィードバックされる。つくることと使うことを短い周期で循環させるプロセスを理論化した。これは現代のワークショップの手法の基礎となっているといわれている。プロジェクトサイズを工夫すれば、建築の設計にも応用可能だろう。

メタボリストの事例の中で、最も「新陳代謝」（次に控えるプロジェクトへのフィードバックのプロセス）を実感できるのは「代官山ヒルサイドテラス」（1969〜1998年）だろう。建築家・槇文彦[8]の代表作であり、地主である朝倉不動産との協働で進められた。集合住宅、店舗、オフィスからなり1969年の第一期から1998年の第七期まで30年という長い時間を掛けたところに特徴がある。他のメタボリストたちが志向した骨格的なメガなものではなく、直方体が隙間を空けながら並び、人が入り込める領域を含みながら街並みを構成するグループ・フォーム（群造形）という原則を基にしている。時代や敷地特性に応じて形態を調整しながらつくることで、多様なニーズを取り込みながらも、ひとつの集合体としての一体感を自然につくり出すことに成功している。さらに、このプロジェクトが興味深いのは、槇の設計によるものに加え、第四期のアネックスは元

8　槇文彦（1928年〜）東京都生まれ。建築家。メタボリズムの提唱者のひとり。群造形を追求してきた。

倉眞琴[9]によるものであるし、他にも古い住宅を改修した店舗がいくつも地域一帯に広がる。近年では２０１１年の代官山蔦屋書店を含む「Ｔ－ＳＩＴＥ」（設計：クライン ダイサム アーキテクツ）[10]などどこか共通した態度を感じるプロジェクトも増えた。「ヒルサイドテラス」が種となり、槇の思想が30年という時間の中で徐々に伝播しながら独特な都市空間をつくり出していることにこそヒントがある。

１９６０年代は様々な概念が試された時代だった。ここから学び、現代の早い想定の変化に対応するようなプロセス論を構想するならば、都市の骨格をつくるようなメガロマニアックなものよりはハードともソフトともつかない粘菌のようなじわじわと浸透する建築から考えたい。都市というと大袈裟なら、住宅から始めてもいいし、なんなら屋台から始めてもいい。「現実の試行錯誤は、あまりにも高価であまりにも遅い」[11]ということにもならず、「都市から撤退する」[12]必要もないかもしれない。

設計プロセス論の展開――２０００年代

１９６０年代が、設計プロセス論が概念的に構築されたタイミングだとすると、２０００年代はより実践的に展開したタイミングといっていいだろう。まず情報環境が整い、設計ツールが変化した。そして、建築と実践を組み合わせるスタイルがいくつも出現した。情報環境の変化によって、それまでの専門誌では扱いにくかった様々な建築家の活動がウェブメディアなどで視覚化されたことも大きいだろう。

9　元倉眞琴（１９４６～２０１７年）千葉県生まれ。建築家。１９７７～１９８０年、槇総合計画事務所にて勤務。

10　クライン ダイサム アーキテクツ　１９９１年にアストリッド・クラインとマーク・ダイサムにより設立された日本の設計事務所。１９９６年より久山幸成が主要メンバーとして加わる。

11　「適合の良さ」『形の合成に関するノート／都市はツリーではない』所収。クリストファー・アレグザンダー、鹿島出版会、２０１３年

12　磯崎新インタヴュー　破壊と救済のメトロポリス――磯崎新、聞き手＝五十嵐太郎＋南泰裕（掲載『10＋1』No.19 都市／建築クロニクル　１９９０－２０００、２０００年３月発行）pp.54-67

コンピュテーショナルデザイン、環境シミュレーション、街のリサーチ、住民ワークショップ、セルフビルド、リノベーション、コミュニティカフェの運営、不動産的枠組みの再構成、地域連関の編み直し……建築の実践的側面は開拓が進み、建築家による設計プロセスに組み込まれていく。

建築家・塚本由晴[13]の実践のスタイルは、共同主宰する設計事務所アトリエ・ワンでの設計活動と、東京工業大学塚本研究室での研究活動とを往復する。『メイド・イン・トーキョー』（塚本由晴、貝島桃代、黒田潤三＝共著、鹿島出版会、2001年）や『ペット・アーキテクチャー・ガイドブック』（東京工業大学建築学科塚本研究室、アトリエ・ワン＝著、ワールドフォトプレス、2001年）、近年では一連の『WindowScape』などのリサーチブック[14]はよく知られているし、それらで得た知見がベースとなった建築作品は数多く存在する。私自身は2009年から2018年まで塚本研究室に在籍し、研究と設計との応答を肌で感じていた。参加した無数のプロジェクトのひとつに、30年前に整備された駅前広場の改修計画を通じて街の活性化を図る「北本駅西口駅前広場」（2012年）がある。アトリエ・ワンに加え、地域資源のリサーチを、植栽・商業・照明の専門家、東工大、筑波大、地元の若手アーティストらが協働して行った。その内容はウェブ、フリーペーパーなどを通じて発信され、それを基に関係諸機関との調整を図る「つくる会議」と、街づくり講座とワークショップを組み合わせた「つかう会議」が開催された。市民グループに広場の利用方法をヒヤリングしながらプロジェクトへの参加を依頼し、イベントで賑わいをつくりながら、計画案を実際に再現し社会実験をすることで検証していった。最初から明確な与条件があったわけでも、鶴の一声で誰かが決めるのでもなく、「つくる」と「つかう」を行き来し、多数の人びとを巻き込みながら最終的に多様な質をもつ

13　塚本由晴（1965年〜）　神奈川県出身。建築家。東京工業大学環境・社会理工学院建築学系教授。アトリエ・ワンを貝島桃代と共同主宰。

14　『WindowScape　窓のふるまい学』（東京工業大学 塚本由晴研究室著・編集、フィルムアート社、2010年）をはじめとする一連の書籍。

かたちに結実した。設計と研究のどちらが先立つでもなく、循環しながら探求的に進むプロセスであった。

　この循環を組織内で実装しているのはレム・コールハース[15]率いるOMAで、シンクタンク部門AMOを備えていることはよく知られている。私が建築学科に進学した年に、最初に東京で聞いたレクチャーがレム・コールハースによるものだった。設計事務所であるOMAと、対比的にシンクタンクであるAMOが互いに弁証法的に機能することで強烈なアウトプットを続けている。国際コンペにおいても、要項を無視して別の敷地を逆提案し、勝ってしまったというストーリーにAMOの効力を感じることができる。コールハースのドキュメンタリー映画『A kind of architect』[16]においても「スタッフの数は同じなのにOMAとAMOのふたつの看板を掲げたら仕事の依頼が2倍になった」とジョークのように語られるシーンがある。これは建築には建設（つくる）に関わる側面と構想（つかう）に関わる異なる側面があることをシンプルに表しているのではないだろうか。なにをつくっていいかわからない時代における枠組みである。魅惑的なリサーチを駆使し、クライアントの経営的側面にまで切り込んで、過激な建築を提案している。

　近年の事例としては、南米チリの建築家アレハンドロ・アラヴェナ[17]率いるエレメンタルがある。エレメンタルは元々、スラムの環境改善のために自らお金も集めソーシャルハウジングの建設を行うという志で集まった有識者や企業による委員会のような存在だった。現在は設計事務所とシンクタンクがハイブリッドしたような実践的な組織としてDo tankを名乗り活動を続けている。住民が家の半分をセルフビルドで増築する仕組みを備えたスラム復興のソーシャルハウジング「Quinta Monrroy」（2003年）がよく知られている。住民が自邸を自らの力で倍の

15　レム・コールハース（1944年〜）オランダ、ロッテルダム生まれ。建築家、都市計画家。建築設計事務所OMA（Office for Metropolitan Architecture）とその研究機関であるAMOの所長を務める。

16　「HET NIEUWE INSTITUUT」での展示、「THE OTHER ARCHITECT」にて上映。

17　アレハンドロ・アラヴェナ（1967年〜）チリ出身。建築家。エレメンタルを率いている。

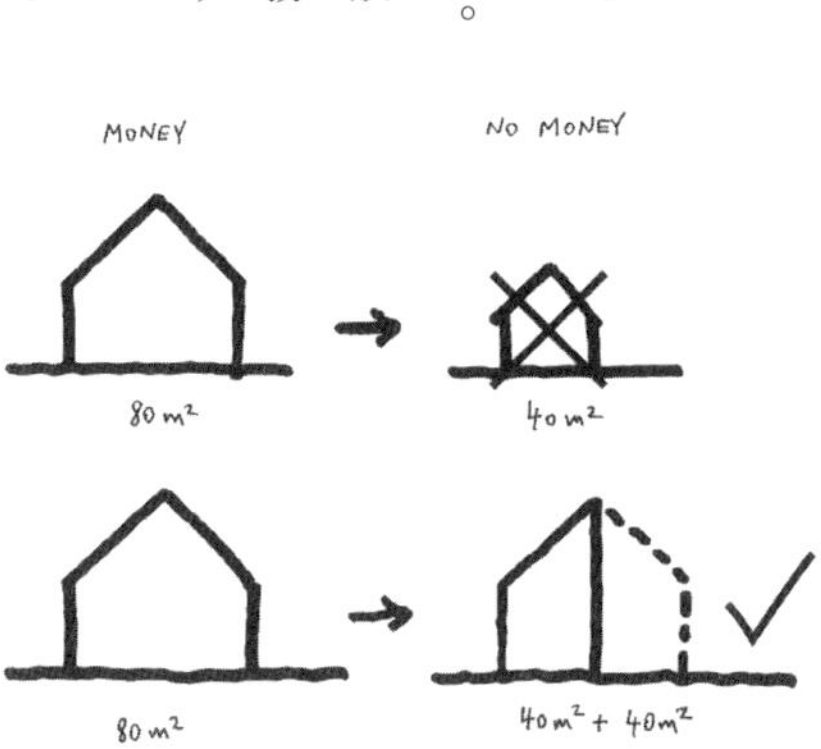

つくることを通して参加のかたちを示したエレメンタルのソーシャルハウジング

面積にすることで、それを担保に銀行からお金を借りて商売を始めたりすることもできる。つまり、イニシャルコストの倍の社会的インパクトを生み出すことを可能にしており、ソーシャルハウジングを負債ではなく地域への投資として位置付ける。他にも様々な復興を手掛けている。

２０１０年、チリは震災に見舞われ、エレメンタルは復興の初期アクションから長期にわたる復興計画まで手掛けていた。私は２０１２年にエレメンタルの門戸を叩いた。２０１１年の東日本大震災以降、建築家がどのように住民や様々な主体と合意形成を図りプロジェクトを実行していくのか知るためだ。彼らの都市スケール・地域スケールのプロジェクトは、最初に地域住民と対話するための小屋を建てるところから始まる。スペイン語でCasa abierta 英語で言えばOpen houseといったところだろう。対話を元に複数提案をつくる、そして住民投票を経て、どういう順番でつくっていくか、街のロードマップをつくる。プロジェクトへの反対派にもその小屋で反対演説をしてもらい、計画にフィードバックしたり、ウェブで発信したり、まさにOpenなプロセスである。

私もいくつかのプロジェクトを担当する中で、住民説明会に参加する機会があった。熱気に満ちた対話の風景を目の当たりにした。発展途上国という環境下で、建築の前段階である資金集めや、限られた素材による構法の開発、さらに建築の後段階であるセルフビルドしやすい仕組みづくりまで提案し、しかもその成果や図面をオープンソース化し世界に配布する、といったことをものの数年の間に次々と展開していた。「つくる」で止まらず、その先に展開していく中で、建築のデザインを洗練させていく。プロセスを変えることでつくり出せる新しい建築表現を強く意識させられた。その社会の切実さが建築や建築家を突き動かしているようにみえた。

エレメンタルのメンバーによる書籍[18]には度々、ペルーの実験住宅群「previ」（１９６７〜

Quinta Monroy（２０１２年に筆者が撮影）

18 『INCREMENTAL HOUSING AND PARTICIPATORY DESIGN MANUAL』Alejandro Aravena, Andrés Iacobelli/HATJE CANTZ、２０１２年

1973年頃にコンペが開催）にて実現した日本のメタボリストたちの案が言及されている。日本の町家のような通り土間や中庭をもつ空間構成に住民が増築をしていく仕組みがある。それを参照しているエレメンタルのプロジェクトが住民により本当に増築され社会に続々と展開しているのを目の当たりにすると、1960年代に構想された日本のメタボリズムが、南米に渡り、花開いたと感じる。南米のカジュアルなルールと、メタボリズムが結び付いたことによる成果だろう。建築だけではなくルールのデザインもセットにすることによってアウトカムを導くということが発想される。

2012、3年頃の日本は、震災後のムードやオンライン化が重なり、家やオフィスの想定が変化し始め、シェアという概念があらゆる領域で試され始めた。つながりを求め、また、どこでも働ける、所属はいくつあってもいい、というような場所と人の関係の再編が起きていた。冒頭に書いた、通勤・通学の相対化が始まった頃だ。私がチリから日本へ帰国した後は、シェアスペースの企画・設計・運営までを一気通貫で手掛け、様々な空間プロジェクトを手掛けていた不動産テックであるツクルバ[19]に在籍した。当時の共同代表のひとり、中村真広氏は塚本研究室の先輩。建築家ではなく起業家として、単体の建築作品ではなく新しい暮らしのカルチャーをつくるような態度で数々の空間プロジェクトを仕掛けていた。その知見を学ぶべく、設計者として入社。今でこそ上場したが、その頃はスタートアップ期真っ只中で、私は自社運営するワークスペースの設計、DIYによる施工、竣工したら受付や掃除、イベントの企画・運営、自分自身による設計の使いにくさを反省しながら、次の構想と資金集め、そして設計……というサイクルを繰り返し経験した。ハルプリンのRSVPサイクルを地でいくように、自分の身体を駆使して、まさにつくっては使い、使っては次のつくり方にフィードバックする

19　ツクルバ　日本の不動産テック。2011年に、村上浩輝と中村真広により東京、渋谷で共同創業。

という実に実践的な設計プロセスを超高速で回していたように思える。

ツバメアーキテクツの循環的設計プロセス――2020年代

2013年にツバメアーキテクツを立ち上げることになる。60年代の設計プロセス論を参照し、2000年以降の建築シーンを経由し、具体的な仕事もないままに、下図に示したフレームワークから考えた。菊竹やアレグザンダーのような三段論法をヒントに、建築設計と、建築以前（構想など）、建築以降（運用、メンテナンスなど）の三段階で3つの丸にすることも考えたが、設計（デザイン）とそれ以外（ラボ）というようにふたつの丸で示す方が循環的なイメージをつくれると考えた。このようにすると、建築をつくることから始めてもいいし、すでに建物が存在していれば使うことから始めてもよくなる。さらに都市か建築か、とか新築か改修か、つくる／つくらない、プロかアマチュアかといったカテゴリーにとらわれずにどこからでも建築に着手できる予感があった。

ツバメアーキテクツが設計に関わった「ボーナストラック」をはじめとする下北沢の一連のプロジェクトのプロセスは、デザイン部門とラボ部門の循環をわかりやすく示している。

左の図に示すように、2018年から最初の敷地に対する構想を立て（ラボ）、設計し（デザイン）、街のリサーチと使い方のルールづくりをし（ラボ）、工事監理をし（デザイン）、周辺敷地への展開を考え（ラボ）、設計をし（デザイン）、内装監理室としてエリマネをし（ラボ）、設計をし（デザイン）、コミュニティカフェ運営を行う会社をつくり（ラボ）、そのインテリアを設

ツバメアーキテクツの枠組み

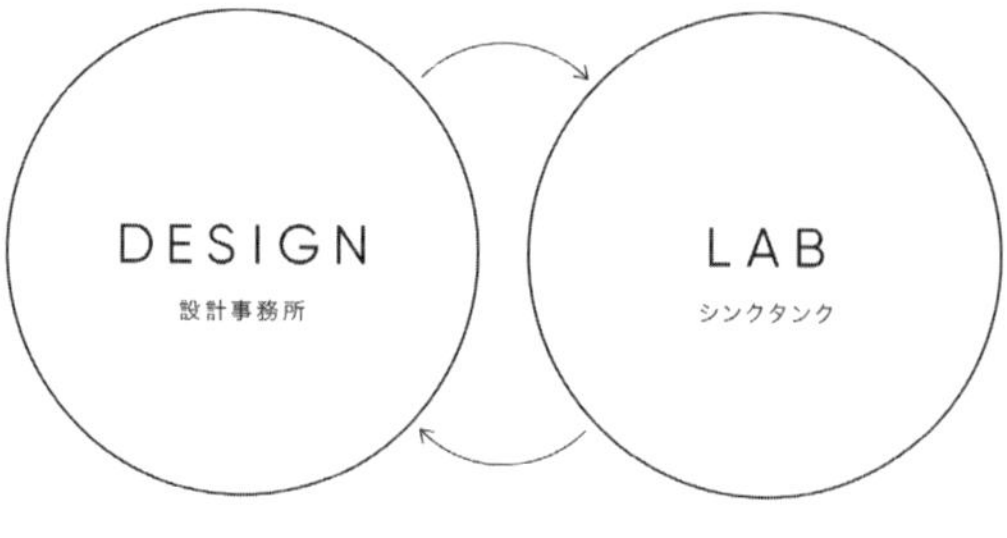

計し（デザイン）、店のメニューや内装で使う建材の開発をし（ラボ）……と、往復を繰り返す中で「ボーナストラック」をはじめとして5つほどの建築を完成させた。そして、この往復は現在もまだ続いている。

デザインかラボか、どちらが先立ってもいいと考えている。手札の多様性（なんでもやってみる）よりもデザインとラボを循環し、次の適切な一手を選択することで、バラバラにみえる無数の対応の中に流れをつくることが大事だ。仮説と検証を繰り返し、想定を押し広げるように建築を立ち上げていく。ゴールイメージや全体像を一旦もつにしても、絶対的なものとせず調整できる段階に留めておくのも、継続的な創造性や楽しさを生むポイントだ。

また、プロセスの循環をきちんと起こせるかどうか、プロジェクトのサイズ設定にも注意しないといけない。つくっては使ってみて、使い手や周辺住民・関係者の反応を設計に都度フィードバックしながら次のプロジェクトをまた仕掛けていくことが、その場所でしかつくれない固有の質につながる。下北沢のプロジェクトにおいては、通常の都市開発からは排除されてしまいそうな屋外への活動の溢れ出しや、入居者による建物の改造といったインフォーマルな場所の質がテーマとなり、設計、ルールづくり、エリマネの体制づくり……と順次フィードバックしながら進行した。

興味深いのは、通常ひとつの場所で仕事をする場合ひとつのクライアントとのプロジェクトとして完結するが、こういうプロセスを経ると、プロセスの途中に多様な人びとを巻き込みながら進んでいくのでスピンオフ的なプロジェクトがいくつも生まれてくることである。

これらから見えてくるのは、最初にプロジェクトに関わった時には想像もしなかった方向へ枝葉が伸びていき、いつの間にか非常にユニークな総体となっていく建築の姿である。

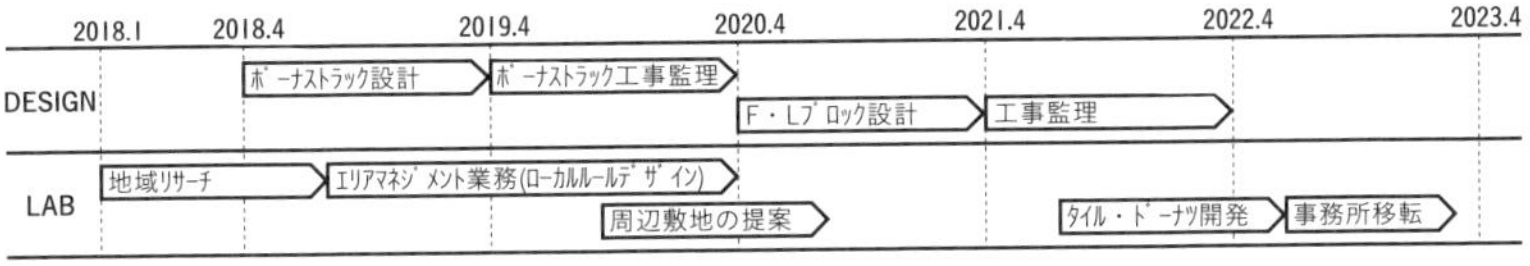

デザインとラボを循環するプロセス

想定が変わり続ける時代では、答えを急がない力、答えの出ない状態に対峙する力＝ネガティブ・ケイパビリティ[20]が求められる。想像もしなかった方向へいくには、同時に、「わからない」ということを楽しまなければならない。

その力を発揮するひとつの方法として建築家の「分人」[21]的側面に注目するといいと考えている。

建築家は、循環的なプロセスの中では、運営者、活動家、研究者、企業家、大家、地域住民、……として次から次へと頭を切り替えながら活動をしていくことになる。そのこと自体に可能性がある。例えば竣工後に、面白い使い方を街の人から相談されたとする。それまでの建築家マインドからすると業務の範囲外だと感じても、活動家の目線で面白いと捉えられれば、試しにやってみましょう、ということになるかもしれない。そうした無数の判断や実践の積み上げは、個別で見るとささやかだったとしてもいつの間にか建築家自身の認識も更新していく。デザインとラボという分け方は建築家の分人的側面をクリアに示している。自らを再構築し続けるために作用している。

デザインとラボの循環的プロセスを、２０２０年代的な建築論として位置付け、しばらく検証してみたいと考えている。

暮らしの想定を調整する建築の仮説

つくると使うを交互に行うこと、時間を掛けてつくること、つくり足していくこと、建築家が

20　ネガティブ・ケイパビリティ　詩人ジョン・キーツによる言葉。事実や理由を性急に求めず、不確実さや不思議さ、懐疑の中にいることに耐える能力。

21　分人　小説家・平野啓一郎による「分人 dividual」とは、「個人 individual」に代わる新しい人間のモデルとして提唱された概念。「分人」は、対人関係ごと、環境ごとに分化した、異なる人格。ひとつの人格だけを認めるのではなく、複数の人格全てを「本当の自分」だと捉える。

分人的にふるまうこと……など本論でもすでにいくつか建築の仮説について触れてきた。そういった仮説を立てながら実践的な設計プロセスを通じて建築を考えることで、産業主義社会に捧げたものを取り戻す。

産業主義社会は、空間を切り売りする方法（用途地域など）、時間を切り売りする方法（ローンなど）を通して、人びとを産業的な想定の中に固定し、第二ステップの足固めをしてきた。次なる生き方をする人びととこの状態をほぐすことで、新しい建築はみえてくる。まずは一つひとつの建築に、実践の道具としての側面を回復させていき、使いながらつくっていく。人間が建築や都市に使われるのではなく、使い倒す側にもう一度回り込むための建築を各地につくっていく。そして人びとが自ら暮らしの想定を自分たちで調整できる枠組み（＝コンヴィヴィアリティに満たされた状態）を地域に実装していきたい。

参考文献

『コンヴィヴィアリティのための道具』イヴァン・イリイチ、筑摩書房、２０１５年
『復刻版　代謝建築論――か・かた・かたち』菊竹清訓、彰国社、２００８年
『空間へ』磯崎新、河出書房新社、２０１７年
『プロセス・アーキテクチュア No.４ ローレンス・ハルプリン』ローレンス・ハルプリン、プロセス・アーキテクチュア、１９７８年
『メタボリズムとメタボリストたち』大高正人＝著・編集、川添登＝編集、美術出版社、２００５年

第二章　森の木で建てることから

──千葉元生

森の木のカレー

大きく燃えづらいホオの葉で朴葉《ほおば》味噌をつくり、香りのよいクロモジをコーヒーにブレンドして飲む。余った端材を薪にして、シラカバの葉から抽出したアロマでサウナをする。温まった体で川に飛び込むと、ヤマメやイワナが泳いでいるのが見える。魚は木々から落ちた虫を食べるため、豊かな森が川の側《そば》にあることが欠かせない。釣った魚は焼いて食べてもよいし、燻製にしてもよい。燻製のチップは加工した広葉樹の木屑で賄うことができ、複数の樹種を用意しておけば様々な香りを楽しむことができる。

これは飛騨で地域の広葉樹の活用に取り組む「飛騨の森でクマは踊る」[1]（以下、ヒダクマ）のメンバーとキャンプをした時の体験記である。キャンプのようにインフラやサービスから切り離されて過ごすと、身近な自然を資源化するための想像力が開かれていく。資源として捉える眼差しで森に入ると、客体的ではなく主体的に森に関わるようになって、ただ眺めているだけでは見えてこない個体の特徴が浮かび上がってくる。大きな葉から包みやお皿を連想し、香りのよい木が料理やアロマに結び付く。それぞれの個性を発見し、組み合わせ、あり合わせのもので環境を整えていく行為は創造的である。中でも傑作だったのがヒダクマ代表の松本剛さんのつくる広葉樹カレーだ。カレー好きで広葉樹好きの松本さんは、いつからか広葉樹の樹皮をスパイスにカレーをつくるようになった。研究を重ねていくうちにいい味を効かせる定番

1　飛騨の森でクマは踊る　飛騨古川を拠点に、地域の広葉樹活用に取り組む官民連携の事業体。

の樹種（ミズメ、キハダ、ブナ）が定まり、そこに時々で違った木をアレンジで加える。キャンプの際には私たちが森で拾ったクロモジの葉を加えてくれた。クロモジの香りの付いたカレーは味も格別だったが、ただ美味しいだけでなく、森の多様性を想像させる複雑で深みのある味わいであった。

身の回りの資源で生成的につくる

ここに調理のふたつの方向性が対比的に際立ってくる。ひとつはレシピに沿ってスーパーに並んでいる食材からつくる予定調和的な調理であり、もうひとつはその都度手に入る食材と対話し、その特徴を活かすようにしてつくる不確実性をはらんだ調理である。森の木を利用してカレーをつくろうと思うと、木の香りや味を知り、組み合わせを想像しながら煮立て、味見をしてはまた配分を調整し、という動的なプロセスが発生する。できたものは確かにカレーなのだけれど、その認識自体を押し広げるようなカレーらしきなにかといった方がしっくりくる。

建築の創作もこれに重ねて考えてみると、ひとつは建築の計画図（レシピ）を用意して、それを成立させるために必要な材料を集めてくる方法がある。高度に整備された産業のネットワークによって、市場（スーパー）に用意された建築資材を選んで組み合わせていけば大抵のものはつくれるようになった。用意された資材を前提に設計すればスムーズに建てることができるが、ものの出自を知らずともつくれてしまうが故に、その背景にある事物とつながる感覚はない。これに対して、身の回りの資源から発想し、その条件にすり合わせて建築を組み立て

広葉樹カレー。クロモジの葉やミズメ、キハダ、ブナの樹皮をスパイスにつくる。キハダの樹種は黄色く色付けになる

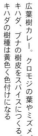

ていく方法がある。全てを計画的にコントロールすることはできないが、ものの条件と計画のすり合わせ自体が生成的なプロセスとなって、意図し得ぬ建築を期待させてくれるし、身の回りの資源とのつながりをいきいきと表明するものにもなる。

ここで考えたいのは、端的にいえば森の木のカレーのように建築をつくれないかということである。もちろん身の回りの資源だけで構成することは難しいから、建築は産業的な資材とのハイブリッドになっていくし、設計は計画的というよりも、ものの条件に沿わせたブリコラージュ的な様相を帯びたものとなるだろう。工業化と共に発展した20世紀の建築デザインは、新しい技術や製品の開発と二人三脚で自由な空間表現を追求してきた反面、身の回りの資源を活かす術を軽視してきた。だから、現代建築にそれを組み込んでいく次元には、まだまだ創作の余地が残されているはずである。以降では、飛騨の広葉樹から発想したふたつのプロジェクトをケーススタディに、そこでの建築デザインの可能性を考えたい。

KINOKO

2017年の冬、ヒダクマから小径木広葉樹を活用した家具を考案してほしいとの依頼があった。ヒダクマが拠点としている飛騨古川は飛騨高地の北部、河川に沿って細く延びる盆地の中にあり、山々に囲まれた街からは常に視線の先に森が見える。飛騨市の面積のうち93%が森林、そのうち68%が広葉樹天然林である。しかし地域で伐採された広葉樹のうち95%はパルプやチップとして安価に取り引きされていて、家具産業が有名な飛騨でも使われている材料のほとんどは外材である。急峻な地形と積雪によって平均直径が26㎝と細い木が多い。針葉樹と違い屈曲した曲がり木が多く、歩留まりが悪い。樹種が多様で安定供給できず、大量生産に向かない。これらのことが障壁になって身の回りの資源が手付かずになっている。であれば、この森の特性をそのまま活かした家具をつくろうと考えた。幅の細い板材から取り出せる円形の座面を切り出す。円の直径が180〜250㎜程度と小さいため、これを千切《ちぎ》りでつなぎ合わせる。3枚つなげば椅子になり、7枚つなげばベンチになる。広葉樹の表情は多様でどれも美しく、樹種はいくらでも交ざってよいことにした。これにより樹種の割合が伐り出した森によって変化する、森の環境をそのまま体現したような家具が出来上がった。そのかたちと、飛騨の木から生まれたことから「KINOKO」と名付けた。

森の端オフィス

「KINOKO」をつくった4年後、広葉樹の活用をさらに促進していくためのヒダクマの拠点「森の端オフィス」をつくることになった。敷地は広葉樹を専門として扱う製材所の中にあり、広葉樹の活用を考える人びとが訪れる場所になる。そこで建築も広葉樹で建て、飛騨の森の様々な可能性を体現できる場所にしようということになった。

通常は建築構造材として使われていない広葉樹を利用して建てるためには、まずその条件整理から始めなくてはならない。調べていくと、法令では木材は耐力上の欠点がないことが定められているが、樹種までは指定されていないことがわかった。そのため、とりあえずは広葉樹で建築を建てることは可能である。しかし広葉樹にはスギやヒノキのようにＪＡＳ規格による基準強度の設定はない。国土交通省告示で広葉樹５樹種（カシ、クリ、ナラ、ブナ、ケヤキ）の無等級材としての基準強度は設定されているが、その他の樹種の強度は数値化されていない。飛騨に分布している広葉樹の多くは、針葉樹よりも強度が高いといわれる樹種だが、基準となるデータがないことが構造材としての利用を阻む大きな障壁になっている。今回は設計と並行して伐採する樹種を選定するプロセスで進めたので、設計の初期段階ではどの樹種が利用できるか確定できなかった。そこでスギの無等級材の強度（広葉樹の無等級材より低い）をひとつの基準とし、それよりもさらに余裕を見込んだ構造計画として、複数の樹種が交ざっても成立するようにした。次に、使える材料自体の条件について整理する。曲がりや細さなど先にあげた特徴に加え、広葉樹は針葉樹に比べて木材比重が高く、乾燥が難しい材料である。そのため一般的な飛騨の広葉樹の製材は挽き道が平行になるように鋸を通す〝だら挽き〟で、厚さ約40㎜と薄く乾燥しやすいように挽かれている。これは家具用材の仕上がり厚30㎜を基準に決定された数値である。こうした乾燥の条件や家具用材へ転用可能という汎用性から、構造材も同じ厚みで挽くことにした。材の長さはトラックの横幅に合わせて２ｍで製材されるのが一般的であるが、一部の材料をトラックの奥行き方向に積んでもらうことにして最大３・５ｍの材料まで利用できるようにした。幅は丸太から切り出せる板材の幅と構造の検討から２００㎜以上に設定した。

　これらの条件を引き受ける冗長性の高い構造システムとして、板材を重ね合わせてボルトで接合するトラス構造を考案した。部材の接合のしやすさから直角二等辺三角形の軸組みとし、足元の枚数が多くなるように応力分布に応じて重ねる枚数を変化させる。接合は中ボルト

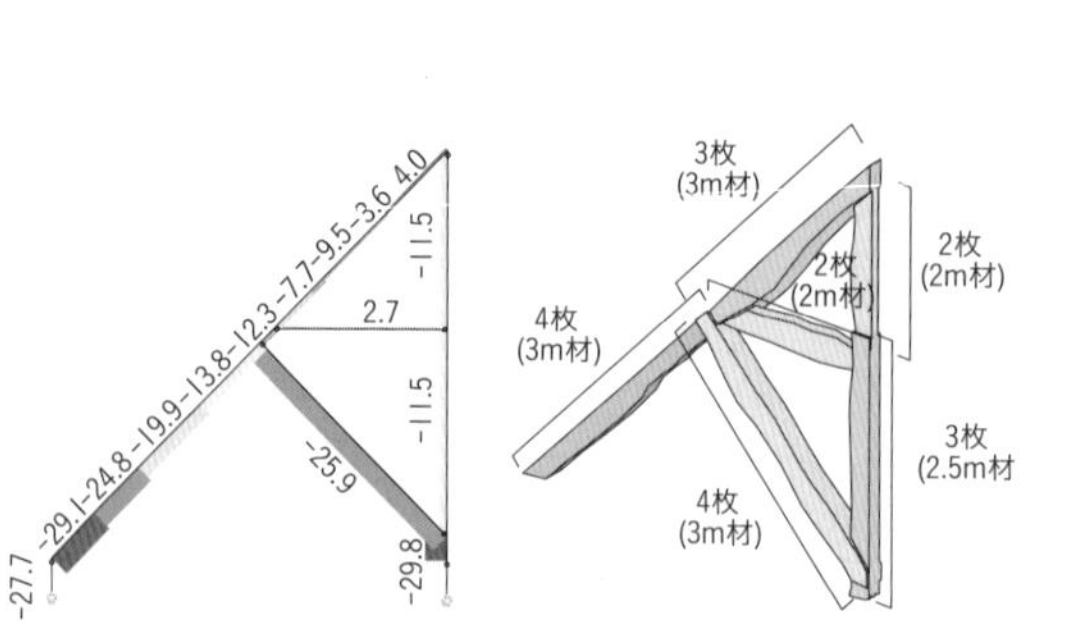

応力分布と広葉樹枚数
２ｍの積雪量があるため、積雪荷重が支配的な地域である。その積雪荷重に対して、合理的に部材配置を行うために、応力分布に応じて広葉樹枚数の配置を決定した

小径木広葉樹から取り出せる３枚の円をつないだ椅子と７枚の円をつないだベンチ、「KINOKO」（2017年）。
円の直径、樹種はその時に採れた材料に応じて変化する

「森の端オフィス」(2022年)の内観。
耳付きの架構は輪郭が揺らいでいる。板材は共木を基本として組み合わせ、丸太の輪郭が想像できるようにした

ディップしたタイル（2022年）を壁面に貼った様子。
全体は馴染みながらも、ムラや揺らぎのある壁面。水回りに貼ったタイル（上）は全体に透明釉を掛けている

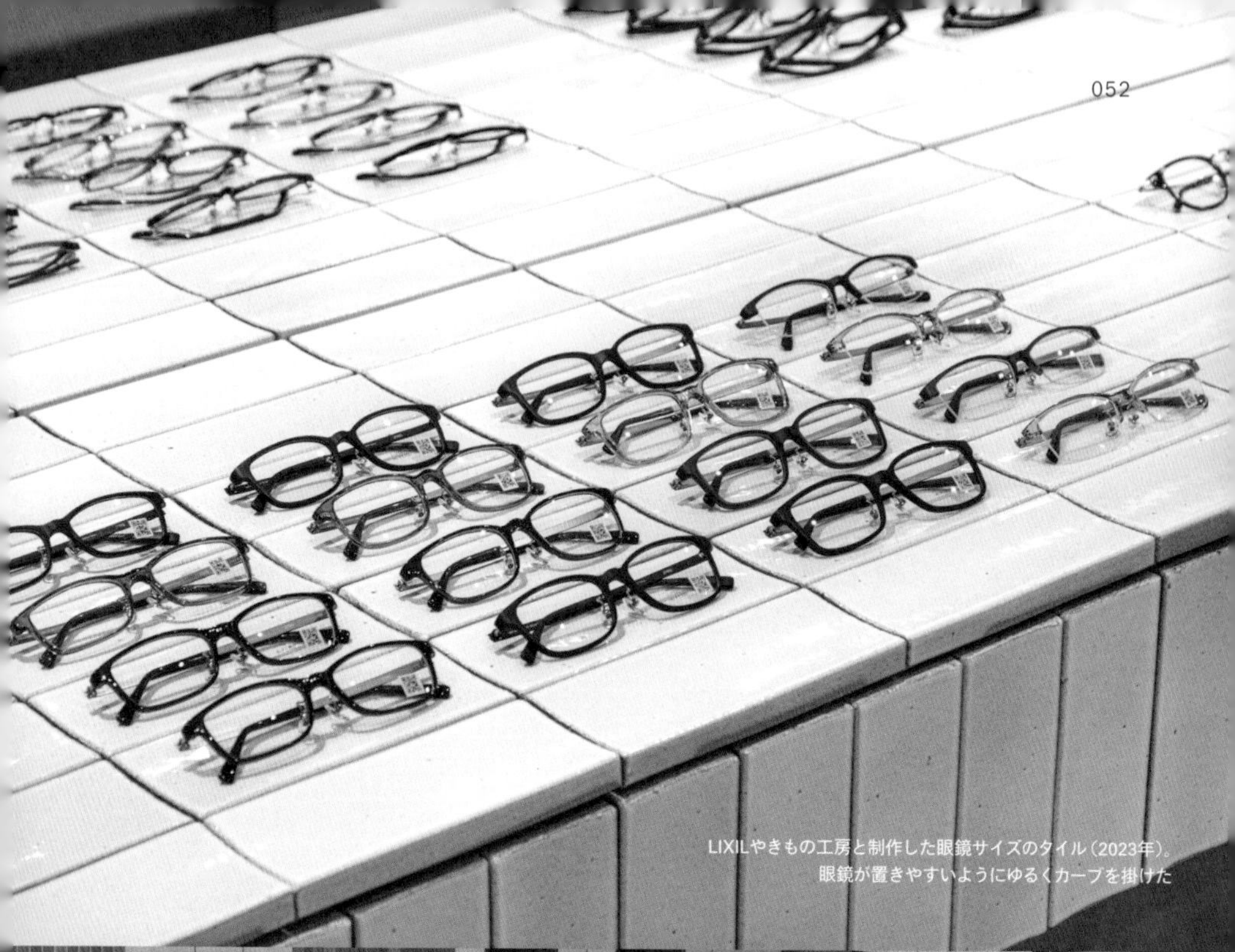

LIXILやきもの工房と制作した眼鏡サイズのタイル（2023年）。
眼鏡が置きやすいようにゆるくカーブを掛けた

既製品のタイルと、小石原焼のタイルが入り交じった店内。
やきものタイルを貼った什器は目地が揺らいでいる

M24の1本留めとし、加えて構造用ビスを両側から打ってズレ防止とした。この架構では板材の長さと厚みは固定されるが、幅は200㎜以上あれば自由である。残せる部分は全て耳付きの材としたので、ひとつとして同じ形状の材はなくなった。その他にも節や割れのあった材料、幅の細い辺材などの構造材に利用しなかった材料は、家具や建具、フローリングやデッキに適材適所で利用した。加工工程で発生するカンナ屑や木毛は、断熱材に利用したり、圧縮して木質ボードにするなどして活用を試みている。様々な樹種が交ざり、耳を残した架構は輪郭が揺らいでいる。天井の木質ボードや床のデッキも表情が不揃いだ。躯体から仕上げまで目に映る森の木を組み合わせることで、規格化された材料では生み出し得ない、森のように賑やかな環境が生まれた。

資源のままならなさに向き合う

ふたつのプロジェクトにおける設計の考え方とプロセス、それによって生まれるかたちについて振り返ってみたい。手に入る材料のサイズや乾燥の条件、法規など、小さな建築あるいは小さな家具の製作でさえも身の回りの資源との間には様々な障壁が存在していることがわかる。まずはなにが障壁になっているのかを理解し、それを乗り越える方法を考えなくてはならない。

ふたつのプロジェクトで共通するのは、障壁を逆手に取って、材料の制限を活かすようにデザインしていくことである。ものの条件によって建築や家具の計画そのものを見直し、変化させていく。資源にままならない特徴があるのであれば、それを解決しようとするのではなく、

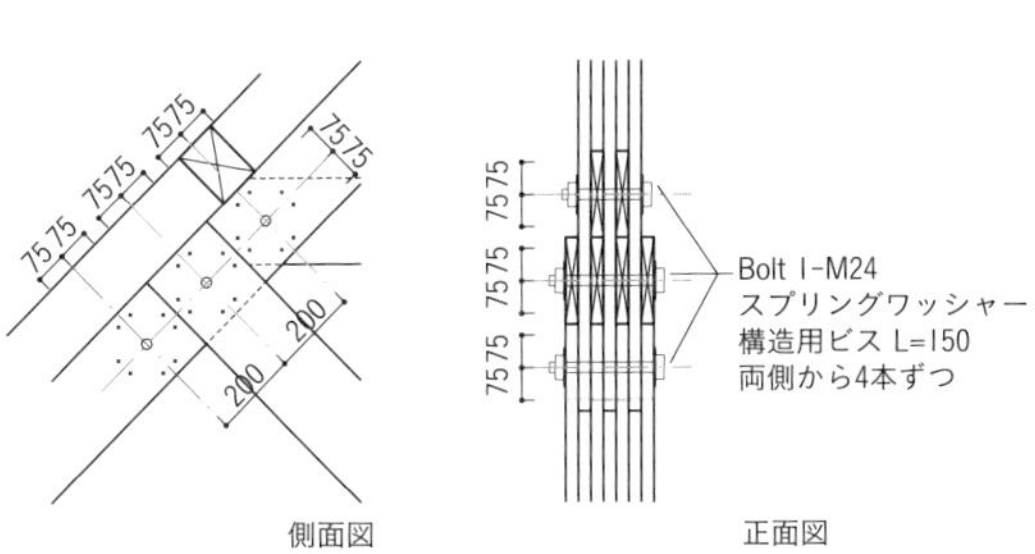

接合詳細図
広葉樹は反りが大きく部材の精度を統一化することが難しい。そのため接合部はなるべく簡易的になるようボルト1本で一体化を図り、締め込むこととした。ズレ防止として構造用ビスでボルトクリアランスのがたつき防止とした

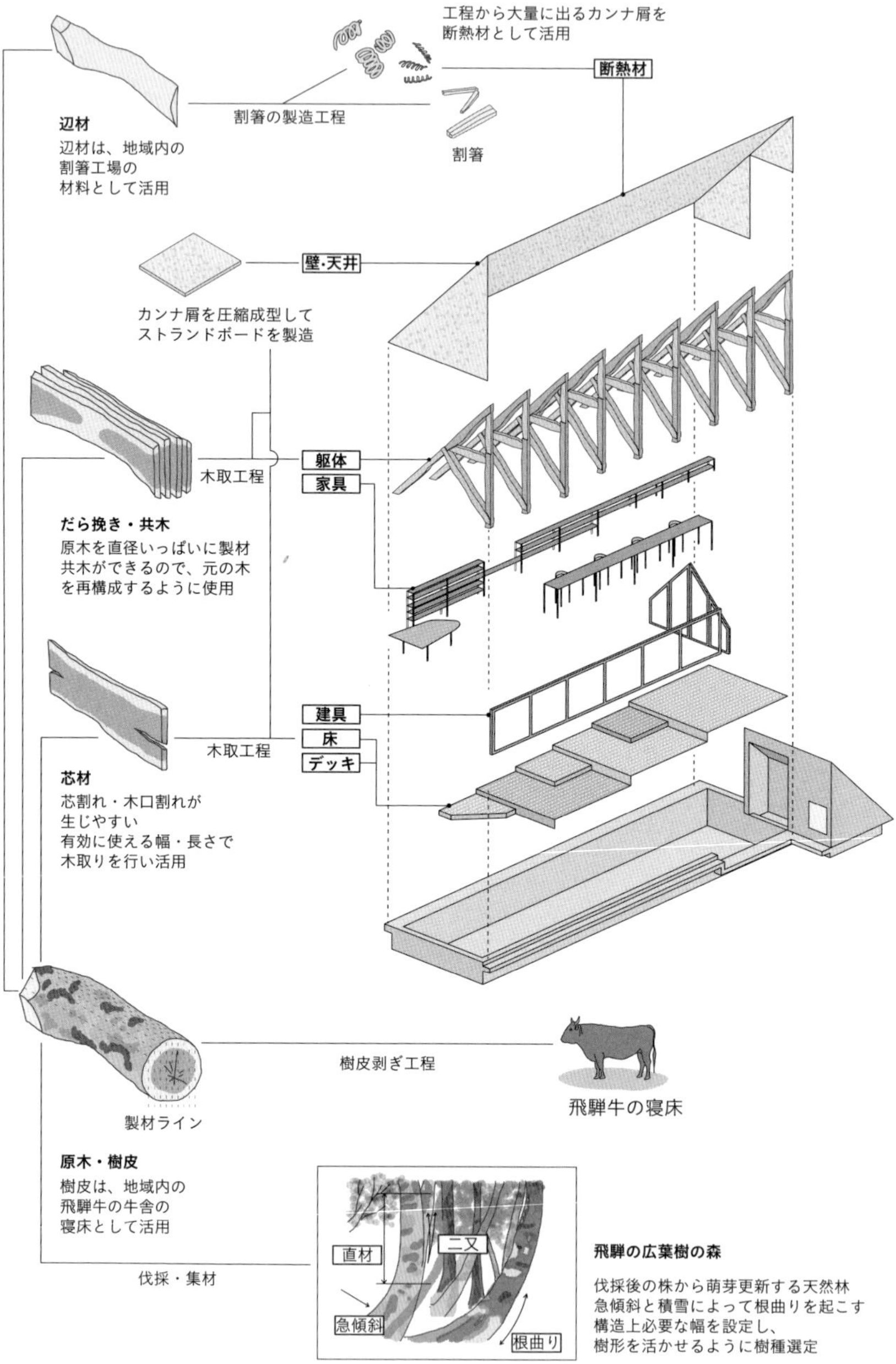
工程から大量に出るカンナ屑を
断熱材として活用
断熱材
辺材
辺材は、地域内の
割箸工場の
材料として活用
割箸の製造工程
割箸
壁・天井
カンナ屑を圧縮成型して
ストランドボードを製造
躯体
家具
木取工程
だら挽き・共木
原木を直径いっぱいに製材
共木ができるので、元の木
を再構成するように使用
建具
床
デッキ
木取工程
芯材
芯割れ・木口割れが
生じやすい
有効に使える幅・長さで
木取りを行い活用
樹皮剥ぎ工程
飛騨牛の寝床
製材ライン
原木・樹皮
樹皮は、地域内の
飛騨牛の牛舎の
寝床として活用
伐採・集材
直材
二又
急傾斜
根曲り
飛騨の広葉樹の森
伐採後の株から萌芽更新する天然林
急傾斜と積雪によって根曲りを起こす
構造上必要な幅を設定し、
樹形を活かせるように樹種選定

森から建築までの関係図

その特徴だからこそできるデザインはなにかと考えてみる。例えば曲がっていること、表情が不揃いであること、幅や長さに制限があることを持ち味と捉え、それを活かす方法を考える。設計の自由が制限されていると感じるかもしれないが、むしろ障壁を転化していくことにこそデザインの力が活かされるべきである。その方が資源の持ち味がいかなるものかを示すことができるし、そこでしか生まれない独特なものになるからである。

一方、ＣＬＴ[2]などのエンジニアリングウッドの開発によって障壁を乗り越えようとする試みもあるが、こうしたアプローチには慎重になる必要がある。扱いづらい資源をハンドリングしやすい状態に加工し、製品化していく流れは、資本主義の生産様式に従って新たな商品を生み出しているのと同じで、建設そのものを見直すことにはつながらない可能性がある。それでは建設が先行して、資源が計画に従属する関係は変わらないし、ものの個性と向き合う機会は失われてしまう。重要なのは資源のままならなさに向き合い、建設自体を見直していくこと。それが身の回りの資源との関係性の中でしか生まれない建築デザインにつながっていく。

資源の流し方をデザインし、設計を開く

建設が先行か、資源が先行かという違いは、建材が生み出されるプロセスにも現れる。資源が利用者の手に届くまでの流れを川の流れになぞらえて、川上、川中、川下と呼ぶ。森で伐られた木が（川上）、製材加工され（川中）、建築や家具などの製品になって私たちの元に届く（川下）という自然から製品までの木の流れをイメージしやすい用語である。全てのものは自然の

2　ＣＬＴ　Cross Laminated Timber（直行集成材）の略称。ひき板を並べた後、繊維方向が直交するように積層接着した木質系材料。

樹木選定　２０２１年10月　直材として取れる長さを確認しながら選定

提供物であるから、木に限らずあらゆるものにこの流れは当てはまる。

森で木を伐る人、加工する人がいて初めて木材を利用することができる。こうした基本的な事実は、市場に用意された資材を前提に設計していると意識に上りづらい。土地（川上）から製品（川下）を分離させ、流動性を上げることによって経済を回す産業主義社会の構造が、川上と川下のつながりを見えづらくしているのである。消費し続けることを前提とした社会は、川下が最優先の社会だ。川下の需要がバキュームのように働いて、世界中から経済効率の高い川上を選び、下流へとものを引き寄せる。川中では流れをスムーズにするための物流が整えられ、規格化が進み、製造ラインが整備される。その過程で、法律や品質評価の基準が設定され、これをクリアしたものだけが川下へと届く。この基準が身の回りの資源を扱おうとした時の障壁にもなって、選択肢が狭められていく。消費者の手に届く頃には、すっかり川上との距離は離れていて、ものの履歴は想像し難いものとなっている。

これに対して、身近な川上から始めよう思うと、川下までの流れが弱い、あるいは存在しないので、流れ自体を生み出すことから始めなくてはならない。「森の端オフィス」では、材の長さや曲がり、幅の条件をクリアできる樹木を確認するために、森に入って木を選ぶことから始めた。森を訪れて木に触れ、木を伐る人や加工する人と会い、ものや人と対話を重ねることによってようやく材料として扱えるようになる。設計者は仮に図面を描いては木を見て調整し、加工方法を検討しては更新しというように、図面や模型を媒体として、資源が建築に定着するまでのいい流れを、探り探りデザインしていかなくてはならない。このように書くと労力ばかり掛かって大変そうに感じるかもしれないが、このプロセスが非常に楽しい。実際に森に訪れて見る木は、これで細いのかと思うほど迫力があるし、光を求めてぐにゃぐにゃと曲がる姿

伐採　2021年11月　林道を設けない架線集材という方法で伐採。この時期での伐採が含水率が最も低くなる

製材　2021年12月　家具用材と共通の仕様で板を挽く

からは、その生命力に驚かされる。樹種ごとの特徴や木の挽き方、暮らしに活かす知恵など製材所の方の話からは発見や学びが多い。そうやって直接ものを見たり、議論しているうちに森の環境や木の個性が徐々に身体化されてアイディアに結び付く。川下に留めていた設計行為を、川上、川中まで拡張することで、ものへの実感が湧く。実感が湧くと、いわゆる用材だけでなく、辺材やカンナ屑などの行き先も気になってきて、利活用を考えたくなる。川上、川中まで設計が開かれると、そこで生まれたアイディアは関わる人びとに共有されるものになる。身の回りの資源で建築をつくるということは、ただ地場の材料を使うということではない。そうではなく、資源の流し方にまで設計の領域を広げることで、今まで浮かび上がらなかったものや人を可視化して、それらを相互に関係付けていくことができるのだ。

野生的な幾何学

人間は自然から採取した曲がった素材や不揃いな素材を扱いやすいように切って、成形し、直線などの幾何学的に規則正しいかたちに整えてものをつくってきた。それ故に幾何学は、自然に対する人工物を代表するものとして扱われてきた。例えば、アンドレア・パッラーディオ[3]はヴィラを純粋幾何学を用いて自然に対峙させ、比例、形態の反復、リズム、かたちの重ね合わせなど幾何学のもつ秩序を利用した手法で自律性の高い建築を生み出した。ティム・インゴルド[4]が直線について述べた次の文章は、こうした対比を明確に表している。「直線は、近代性の仮想的イコン、すなわち自然界のうつろいやすさに対する合理的で明確な方向性をもつ

乾燥　2022年3月　通常、天然乾燥を行うが、今回は木材乾燥機の実験を兼ねて、中温乾燥機に釜入れした

材選定・並べ替え　2022年4月　乾燥後の材を1枚ずつ検査し、構造材に適した材を選定

デザインの勝利の指標として登場した。近代的思考の徹底的な二項対立図式の中で、直線は、物質に対抗する精神に、感覚知覚に対する理性的な思考に、本能に対する知性に、伝統的な知恵に対する科学に、女性原理に対する男性原理に、原始性に対抗する文明に、そして自然に対抗する文化に、しばしば結び付けられてきた。」(『ラインズ――線の文化史』)

身の回りにある自然に近い素材の扱い方を考える時、この対比に向き合うことになる。近代の標準化はこれを徹底的に幾何学的、人工的な方向へと推し進めるものだった。素材の野生味や個性は漂白され、均質なものや空間で溢れかえるようになった。近代建築の均質性を批判して、建築家は例えば自由な曲線を用いた表現によって、あるいはパラメトリカルなデザインによって多様性を表現しこれに対抗しようと試みてきた。しかし、それも建築表現上の問題に留まっている感は否めない。一方で、できる限り人の介入を減らし、自然な状態のままにものを構築しようという方法は合理性に欠けるし、ノスタルジーの表現にしかならないように感じてしまう。自然と人工を対比させてそのどちらかに振れるのではなく、自然性も人工性もはらんだ状態、多様性も均質性ももつような両義的な状態がつくれないだろうか。

私たちはこうした考えを「野生的な幾何学」という言葉でイメージしようとしている。例えば「KINOKO」は円の組み合わせでできているが、円のサイズは採れた材のサイズによって変化し、樹種の表情も多様で不揃いである。「森の端オフィス」では材の長さ、接合のしやすさ、雪を流すための急傾斜の屋根といった配慮を統合する形式として、直角二等辺三角形を用いているが、材の幅は場所ごとに変化して、輪郭が揺ぐ架構になっている。幾何学は建築を構成する上での基本的な方法であるが、幾何学自体が強い表現となって、素材を従属させるものになってはいけない。ものを構築するための幾何学は用いながらも、素材の野生味によって

3　アンドレア・パッラーディオ(1508～1580年)　イタリア・ルネサンス後期の建築家。作品や主著である『建築四書』の影響は大きく、パッラーディオ主義と呼ばれる様式へとつながった。

4　ティム・インゴルド(1948年～)　イギリスの社会人類学者。アバディーン大学教授。

変化する部分を残す。幾何学と野生が対立しつつも共存する状態。その緊張関係があることによってこそ、目の前にある家具や空間を通して、その背景にある環境とのつながりを実感できるのではないかと思う。

最後に、木材の活用以外でも同様の考えで取り組んだふたつの事例を紹介したい。ひとつはＬＩＸＩＬやきもの工房と協働して新しいタイルを提案するプロジェクトである。タイルの歴史を辿ると、手仕事による色ムラや揺らぎをもっていた民藝的なタイルが、工業製品へと均質化されていく過程がみてとれる。タイルを一からつくるのであれば、工業製品のバリエーションを考えるでも、民藝へと引き戻すのでもなく、そのハイブリッドを模索したいと思った。量産を可能にしつつも自然な揺らぎのあるタイルをつくるために、釉薬掛けの工程のみに手仕事を組み込んでもらうことにした。通常スプレーガンで行う釉薬掛けを、柄杓を用いて３００㎜角のタイルの素地に垂れ流すようにして掛ける。あるいはバットに溜めた釉薬に表面をディップする。重力や粘性によって変化する釉薬の流れ具合、ディップによる浸かり具合に任せて偶発的な表情を生み出そうとした。窯入れ後にそれを小さくカットして、貼った時にランダムな模様が生まれるようにした。実際に壁に貼ってみると、面全体としては馴染みながらも、釉薬のノリ具合によって反射や色味が変化する自然な揺らぎをもつ壁面が生まれた。

その後、福岡で眼鏡屋のインテリアを設計する機会があった。話を聞いていくと、眼鏡の什器で重要なのは、商品をきれいに並べるための基準線があることだとわかった。そこで再びＬＩＸＩＬに依頼して、眼鏡サイズのタイルをつくり、目地を基準線に見立てることにした。同時に地域の土や釉薬を使ったやきものも利用したかったので、小石原焼の窯元に相談して、同サイズのタイルをつくってもらうことにした。完成したタイルを並べてみると、予想通りＬ

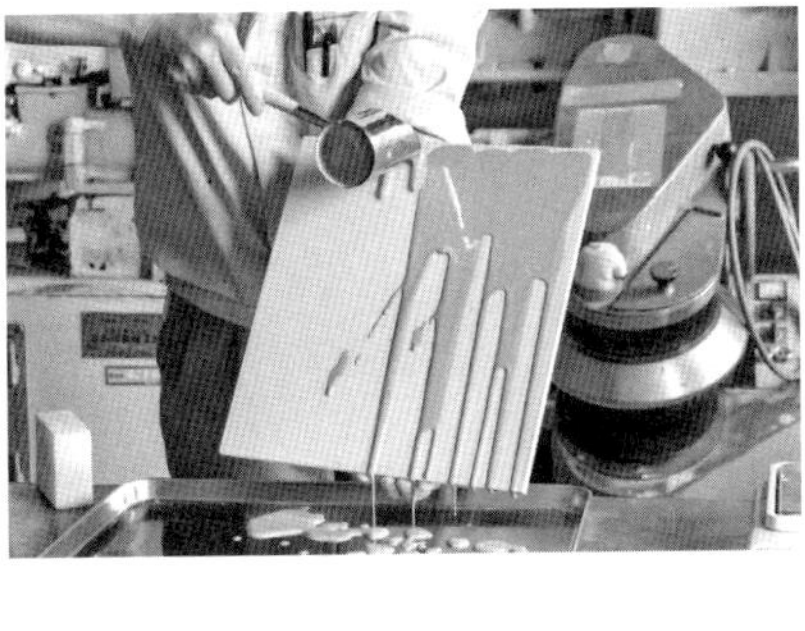

釉薬の流し掛けの様子

ＩＸＩＬのタイルは全てサイズが揃っていて、小石原焼のタイルはサイズが不揃いであった。窯元や個体ごとで伸縮率が異なるのである。サイズの違いは全て目地で吸収することにして、これらを同じように什器の下地に貼っていった。面白かったのは小石原焼のタイルを貼った什器は、目地が広がったり狭まったりぐにゃぐにゃと揺らぎ、逆にそれが図として浮かび上がってきたことである。これにより立方体の組み合わせによる什器がなんとなくやわらかい印象をもつようになった。ＬＩＸＩＬのタイルが貼られたビシっと服装を正したような什器と、小石原焼のタイルのゆるく着こなしたような什器が並ぶ店内は、多様なものを許容する懐の深い印象になった。

樹種ごとの表情の違いや樹形による線の揺らぎ、釉薬の流れ具合や土の伸縮率、これらは人がコントロールし得ない自然の造形である。自然がつくるムラや揺らぎを積極的に取り込んで、幾何学の中に野生を共存させる。こうしたアプローチは、あらゆるものが人為的にコントロールされ均質化していく世界の中に、ちょっとした逸脱を許容して、やわらかな質感や賑やかな感覚を与えてくれる。そのことが素材を通した環境とのつながりを感じさせてくれるし、人間だけではない多種と共に生きていることを実感させてくれるのだと思う。

直接的な関係を結ぶ建築

急速に進んだグローバリゼーションと産業化の波の中で、身の回りの資源との直接的な関係は、間接的なものへと置き換えられている。どこからきて、どのようにつくられているのかわから

釉薬にディップする様子

ない無数のものに囲まれて、私たちは関係する対象を捉えられなくなっている。外材で住宅を建てている裏山では、手付かずになったスギ林が荒れ、土砂災害の危険性が高まっている。スギ林がそこにあるにもかかわらず、海外の住宅の低金利政策によってウッドショックが起こり、建築資材が手に入らなくなる。こうした矛盾は、間接的な関係を連鎖させるシステムが生み出したひずみである。そのひずみが巨大化し、気候変動、環境汚染など地球規模で変化を及ぼすほどの影響力をもつようになっている。私たちは身の回りの資源との直接的な関係を結ぶ術を身に着けなくてはならない。

この論で述べてきたように、身の回りの資源を使って建築をつくることは、デザインの制約になるというよりもむしろ、その可能性を広げてくれるものだと思っている。資源のままならなさに向き合うことで、今の建設のあり方に疑問を投げ掛け、見直すことができる。資源の流し方をデザインする過程で、今まで浮かび上がらなかった人やものを可視化して、関係付けていくことができる。野生的な幾何学というイメージは、資源を幾何学の統制下に置かれた交換可能な部品としてではなく、それぞれに個性をもったものだと捉える視点からもたらされる。このように、身の回りの資源を使って建築をつくることの可能性は、ものから発想できることにある。それは、ものを部分として建築の全体の中に従属させるあり方ではなく、ものを起点として、ものの背景にある環境まで含めた広がりのある全体との関わりの中に建築を構築することにつながっていく。

あの日、キャンプに使える資源を探し歩く中で、森の一部になっていくような感覚を覚えた。木を眺め、葉の揺れる音を聞き、木や土の香りを嗅ぐ。そうした森と直接的に関わる経験を通して、森の環境が身体化されていった。思えば森の木のカレーの美味しさは、味覚によるものだけではなかった。カレーを食べた瞬間に、こうした感覚がひとまとまりに思い起こされることによって得られる、特別な味わいであったように思う。目の前にある食べ物や建物から、その背景にある環境を想像できること。そうした認識できる直接的な関係の中での暮らしが、喜ばしいものであることを森の木のカレーは教えてくれていた。

参考文献
『時間についての十二章——哲学における時間の問題』内山節、岩波書店、２０１１年
『内山節著作集11　子どもたちの時間』内山節、農山漁村文化協会、２０１５年
『ラインズ——線の文化史』ティム・インゴルド＝著、工藤晋＝訳、左右社、２０１４年

対談

高野ユリカ×ツバメアーキテクツ

写真に現れる建築の演技、都市の演技

出版に合わせて、写真家・高野ユリカさんに、竣工から4年が経った「ボーナストラック」を撮影いただいた。高野さんには以前、私たちが設計した阿佐谷の自宅の撮影もお願いしたことがある。日常的に滞在しており、あらゆる角度を見尽くしているはずの場所だ。それにもかかわらず、写真には初めて出合う風景や視点や距離感が現れていて、その理由はなんだろうと、いつかお話を伺ってみたいと思っていた。今回は撮影いただいた写真を題材として、高野さんが建築を撮影される際に意識されていることから、領域横断的に発表されている作品についてまで、様々な角度から言葉を交わしている。

——西川日満里

植物・建物・人——それぞれの演技

西川　高野さんの写真には毎回、知っているようで知らないシーンが現れていて、新しい発見があります。

高野　撮影者としてはこれ以外の見方ができないのでこの写真になってしまっているのですが、どのような点でしょうか。

西川　例えば、下北沢駅の上から奥に見える「ボーナストラック」を撮っていただいた写真（p.012）は、アイレベルでは気付かない、フェンスと既存の民家の関係が撮られています。そこに植物が侵食し、道に越境している。時間軸の中で引かれてきた人工的な境界線と無関係に成長する植物、そのせめぎ合いがよくわかる写真です。高野さんはいつもどのようにフレーミングを決めているのでしょうか。

高野　「ボーナストラック」を撮る時に、どのようなものを捉えようとしたかを少しお話しさせてください。私はふたつあるかなと思っていて、ひとつが境界線や境界物を意識的に捉えようとしたこと、もうひとつがこの「ボーナストラック」を取り巻く様々なものの〝演技〟を撮ろうと考えたことです。この土地やここに住んでいる生活者、たまたま訪れた訪問者や、置かれているものや道具、ここに自生している植物の演技、そういったものです。「ボーナストラック」に限らず、建築や風景の写真を撮る時にもよく考えていることです。この写真について言えば、植物がせめぎ合っている様子を意識して撮ってはいるのですが、加えてこの道をいつも使っている人の生活の反復であったり、訪れた人の演技であったりを撮ろうとしています。植物が人間のことはお構いなしに自生している様子、それが植物の演技だと私は捉えているのですが、なにかその土地がその土地の役割を全うしている、そういった様子を写真に収めたいなと思っています。

千葉　〝演技〟は英語で表現するなら〝Act〟ですか？

高野　〝Play〟の方がしっくりきますかね。

千葉　なるほど、面白い考え方ですね。いわゆる建築写真は、建築家が意図したことを表現するように撮るという側面があると思います。高野さんが撮ってくださる写真は、建築写真というよりは、僕らが意図していなかったようなものも含めて写していただいていて発見があります。なんとなくこういう状態になったらいいなと思っているけれども、写真を見て初めて、そうそう、これこれと腑に落ちる感じです。「ボーナストラック」が写っていない写真であっても、植栽や人びとの様子から、日常のふるまいがなにかしら建物と関係し合って生まれているのだろうと想像させるものになっていると思います。おそらく建築をあまり特別視することなく、色々なものが並列している状態を〝演技〟と表現されたのかなと感じました。

高野　その場所自体を大きな舞台装置として見立ててみたい願望もあり、舞台として設計されたものに対して人がどう入り込めるか、どのような動きをしているのか、そういったものに興味があるのだと思います。その場所でしか生まれない所作のようなものがあると思うので。例えば、手すりに座布団を掛けて干している写真（p.067）とか……。

西川　面白い写真ですね。敷地内外の境界線上に一定以上の傾斜があると、バリアフリーの観点から手すりの設置が必要となります。境界線上というのは街と敷地の接点なので、せっかくならば広めの天板を付けてカウンターとしても使えるようにして、そこで立ち飲みもできたら面白いと思ってつくりました。そうしたら、それをさらに読み替えてくださるお店の方がたくさんいて、本を並べたり、打ち合わせをしたり、お店が開いていない時間に座布団を干したりといった使われ方をしています。結果、お店の裏側が表に出てくる見慣れない風景が生まれています。座布団がとても気持ちよさそうに写っていますよね。

高野　確かに、座布団が気持ちいい座布団の演技をしているように見えますね。そこに干されるべくして干されたというような。

山道　影の出方も、反復して並べられた様子が強調されていていいですよね。

千葉　竣工してから4年が経過したことで、そうした読み

手すりに掛けられた座布団

替えが多く見られるようになったと思います。オープン直後には座布団は干されていなかった。利用者も日々の反復の中で、少しずつ使い方を発見していて、それが馴染んできているタイミングなのだと思います。多様なふるまいが定着しやすい場所を目指して計画してきたので、そうした場面を捉えていただいてうれしいです。

今回撮影していく中で、撮るものと撮らないものの取捨選択になにか判断基準がありましたか？

高野　見返した時、人が多くいるところを中心に撮っていたことに気付きました。そのシーン自体に物語がありそうか、という線引きが自分の中で働いていたように思います。あまり人がいないところを撮っても「ボーナストラック」の魅力が伝わりにくいという意識があったのだと思います。

千葉　同時に、人だけにピントが合っている写真もない。必ずなにか他のものにもフォーカスが当たっています。

高野　そうですね、人も主役ではないですから。例えばこのアート作品を見る人たちを撮った写真（p.123下）など、絶対に歴史には残らないけれど個人史になるようなものが写せるといいなと思っています。今回、そういったシーンには数多く出合えました。人を撮っているわけではないけれど、その場所に居合わせた人たちの記憶に近いものを撮っているのかもしれません。

千葉　僕らはこの白い物体がうさぎのアート作品であることを知っているのでどういうシーンなのかわかりますが、知らない人が見るとすごいインパクトがありそうです。

山道　下北沢という街自体がそういった個人史の集積でできてきた場所ですよね。

西川　つい先ほどまで誰かがいた痕跡を感じる写真も多いですね。草を刈った跡の写真（p.005）などを見るとひとりの人が鎌を持ちながらゆっくり進んで行くシーンが再生されます。

千葉　植物と人の活動を対比的に撮るというより、両者が共存している様を撮る意識なのでしょうか？

高野　対比させているというより、植物に関しては植物役として、人間も人間役として、どちらも同じ重要度で見ている意識ですね。

千葉　それは生き物以外も考え方は同じですか。例えば、建物役などもあるのでしょうか。

高野　建物役も一緒ですね。建物や植物がどのようにそれぞれの役割を全うしているのかを見ています。

駅から「ボーナストラック」までの道を歩いていて、植栽の野生的な力強さがすごくいいなと思いました。人工的なものと野生的なものとのバランスをどのように考えていらっしゃるのかはお聞きしてみたいと思っていました。

千葉　野生的なものがあると、時間感覚が変わってくる感じがします。現在、過去、未来という直線的な時間の進みに対して、循環する時間という考え方を哲学者の内山節さんが述べていますが、例えば植物が春夏秋冬のリズムで変化しまた来年も同じサイクルを繰り返していく、という時間の捉え方です。かつてはそうした自然のサイクルに合わせてお祭りがあるなど、他者のリズムに付き合うことによって生まれる時間が成立していました。今の都市空間にはあらゆるものを人為的にコントロールしようとする圧力があり、直線的な時間に追われていて息苦しい感じがします。もう少し人がコントロールできない他者に時間を委ねられるような場所があった方がよいと思っています。この事務所の裏の茂みも、そうした野生的なものを許容した結果、植物の楽園のようになっています（笑）。

西川　繁華街のイメージが強い下北沢ですが、少し歩くと羽根木公園やお屋敷や緑道があり、ちょっとした土があるだけで種がたくさん飛んできて雑草が繁茂する、目に見えない植物のネットワークの凄まじさを感じます。

山道　雑草を人工的に制御するには除草シートを貼った上に砂利を敷けばいいのですが、ここはなるべく土を残そうと意識していて、その判断の差は大きいと思います。

西川　一方で一見野生的に見える場所も、実はそれなりに人の手が入っています。「ボーナストラック」の広場の木は、放っておくとどんどん伸びていくものを園藝部の方々が剪定することで行きすぎない状態を維持しています。

高野　そうですよね、この柳（p.001）なんてたくさんの人が通る道にこんなにも野生的でいいのかと思わせる、すごいバランスですよね。東京ではもう見かけないほどの。メンテナンスや、ケアのさじ加減が上手なのでしょうね。

山道　一般には、定期的に、ある程度伸びているものは一気に伐採してしまうといった管理がされているものを、市民活動とセットにすることで、日々のリズムの中で細かい手入れができています。

千葉　これは田舎の里山の手入れの問題にもつながります。自然の野山だからと放置していいわけではなく、人が手を掛け続けることで美しい里山は成立してきました。しかし、里山に入らなくてもものが買えるようになったり、高齢化であったりという要因で里山に人が入らなくなり荒れてきてしまっています。人工と野生を対比的に捉えるのでもなく、人工優先でもなく、野生のリズムに合わせて人の手を入れていく、そういったバランスが実現できるといいのだろうと思います。

断片的なシーンの集積が育む想像力

高野　本文を読む中で、現在より少し先を想像しながらプロジェクトに臨むことがあるのだろうと感じました。その際どのような工夫をされていますか？　私も、少し先の未来が写るといいなと思って写真を撮ることがあります。

千葉　高野さんが未来を写そうと思って写真を撮られているというのは、すごく示唆的ですね。写真は撮った瞬間に過去になってしまうので。建築の場合は逆にうまく使われるように先のことをイメージして計画していくため、少し先のことを考えることが求められます。「ボーナストラック」では下北沢の街を観察して、既存の人のふるまいを新しい場所に定着させ直した姿を、目指す未来像として描いていたように思います。高野さんの仰る未来を写す、というのはどのようなイメージなのでしょうか？

高野　そうですね……。ちなみに皆さんが未来という時、どの程度先の未来を想像されていますか？

西川　比較的近い未来、1年後とか2年後の「少し先」を想定しています。都市計画学上のマスタープランとして描かれる10年後、20年後の姿にはあまりリアリティをもてず、計画したものをまずは使ってみて、またその先を考えていけるフレームワーク自体を設計している意識です。

山道　時間の長短の問題というよりは、長い時間の中で訂正されていくことを前提に、次の一手としてのスタートポイントをどうつくるか、ということを考えています。

高野　なるほど。今のお話を聞いていて、私も近い考え方をしているなと思いました。わからないものに対するリアクションとして、真似をするとか、ロールプレイすること、演じることを通して身体化されて、その土地に馴染んでいく、そういったプロセスを踏むことがあります。子どもの頃から引っ越しの経験が多く、新しい土地に引っ越した時に自分のキャラクターをその土地その土地に合わせて馴染ませていく、といったことをしていました。写真を撮る時もそれと同じように、新しい場所に自分が佇んだ時にその場所に自分の身体を馴染ませることで、これからそこで起こりそうなことを想像して、その予兆を写そうとしているのだと思います。

西川　高野さんの個展、横浜市民ギャラリーでの展示、「REGARDING THE ECHO OF OTHERS」（２０２３年）にも通じるお話ですね。あの展示では高野さんの視点で撮影された写真や映像に対して、過去に存在したであろう人の言葉や情景の音を被せていますよね。過去と今を重ねることによって、これからを考えさせるものになっていると感じました。その重ね合わせによって、写真だけでもテキストだけでも表せない風景を描こうとされている様子がとても印象的でした。

高野　そうですね。過去、現在のことから未来につなげるためには、なにかしらのアクションが必要になるとは思っています。写真だけでは難しいと思い、横浜の展示では花火の音を重ね合わせました。花火の音は空襲の記憶がある人にとっては爆撃と同じ音に感じられるかもしれず、それによって現在と過去がつながり、もしいつかの未来に戦争がまた起こるようなことがあれば、今聞こえている花火の音が爆撃の音のように聞こえる、その可能性が未来につながると考えました。未来との重ね方は、作品をつくる上で考えていることですね。

千葉　高野さんのインタビューで多木浩二さんの『映像の歴史哲学』（多木浩二＝著、今福龍太＝編／みすず書房／2013年）という本に影響を受けたとお話しされていたのを思い出しました。本の中で、「本当に主題になるのは歴史の中には登場することのない歴史である」という言葉があります。タイタニック号の事件を取り上げて書いた、「難破に続く溺死者の長い漂流――それは歴史学の外にある」という言葉も印象的です。歴史家にとっては事件そのものが重要なのだけれども、「写真は、溺死者のごとく生きている無名の人びとに目を凝らす」ことができると。つまり、事件にならないようななんでもない日常的な物事の中にこそ本質があり、写真はそうした物事に光を当てることができるのだと。写真は断片を切り取るものなので全体像は描けない。けれどもその代わりに断片の組み合わせによって想像力をかき立てることができる。だからこそ未来を写すことが可能なのかもしれません。また、この本を読んでいた時に、建築家に建築として語られることの外側に主題があるのだと言われているようにも感じました。先ほどの手すりに座布団を掛けるようなこともそうで、こうしたなんでもない断片的なふるまいをつくっていきたいと思いつつ、そうした断片をあらかじめ計画するのは難しい。だから下北沢の街で起きていることをロールプレイして、多様なふるまいが生まれやすい状態をつくろうとしてきました。

西川　断片ということでいうと、写真のトリミングもあえて人影を残していたり、窓越しに外を見下ろした写真（pp.008, 073）も窓枠のフレームが入り込んでいたり、視点の設定が特徴的ですよね。

高野　ここで1日を過ごす人の視点を考えると、窓の外を見ていたとしてもフレームも自然と視界に入っていると思うんです。意識の外かもしれませんが、その見え方を想像して撮るようにしています。それからその場にいる時の身体性を写したい願望もあって、機材を使い分けています。建築写真として撮る際は三脚を立てて広角のレンズで水平垂直を出す撮り方をするのに対して、35㎜版の手持ちカメラと標準レンズも使っていて、そちらではより人の視野に近い見え方で写せると思っています。

西川　なるほど、これらの写真（pp.008, 073）はふたつのカメラで撮られていますが、同じ画角でも感じ方が変わりますね。設計している時は広角で撮った写真に近い俯瞰したイメージ、実際に事務所として使い始めると、建築の全体像は意識の外にあり、窓も柱も背景でしかなく、そうすると手持ちカメラの印象に近そうです。2枚を並べると、高野さんの意識の差がわかりやすい。

高野　そうですね、この窓はしつこく撮りましたね（笑）。なぜかというと、手持ちカメラの方には経験や記憶も写ると思っていて、そこを普段使っている人の個人的な経験を想像しながら撮ったからだと思います。例えばこの事務所であれば階段を上がった先にある窓が、一度ベランダに出

SOHO２階の窓際から「ボーナストラック」の中庭を見下ろす

て戻ってきた時にまた目に入る（p.004）とか、そういう日々の積み重ねを通じて身体化されたものが写るのではないか、そういう期待があります。

千葉　設計をする時には全体像を考えると同時に身体性に基づいた視点でも考えます。そうした思考の往来が、異なる機材での撮影によって可視化されているようで面白いです。

西川　高野さんが建築家・白井晟一（1905〜1983年）の作品を撮影したシリーズ、「秋の日記」では、小説家の林芙美子さん（1903〜1951年）が白井建築を訪れたという設定をしていますよね。なぜその設定を入れようと思われたのでしょうか。

高野　あの作品では、林さんになり切って撮ることで、そこに演技が入ってくることが自分の中ではとても重要なことでした。私が撮影し、テキストも書いてはいるのですが、林さんが使っていた原稿用紙を使い、林さんが書いた日記の文体に似せるといった形式を借りて、他者の視点を借りることを徹底した作品です。

山道　林芙美子さんを選んだのはなぜですか？

高野　初めは白井晟一と林芙美子の交友関係から興味をもちましたが、リサーチする中で、市井の人びとの生活に寄り添う林さんの作品の眼差しにも共感していきました。

そもそも建築がこれまで個人史や生活史のような女性の視点で語られたり撮られたりすることが少なく、歴史に残ってこなかった現状があります。建築写真も男性のもののようなイメージがあったのでそれに対する反抗心もありました。私個人ではなく林さんとしてのレイヤーを重ねることで、別のものに昇華するための手順を踏んでいる、自分の中ではそうしたルールがありました。自分勝手なことをした作品ではあると自覚もしていますが、それでもわからないことを前提に、想像して眺めてみる行為が私にとってはものすごく重要で、そこからまた既存のものにはない視点で、白井さんの建築の思想も見えてくるのではないかという期待もあって取り組んだものです。

千葉　作品を受け取る側としては想像しやすくなる効果を感じます。作品を見る上での視点が与えられるので、そこから想像を膨らませやすい。建築家の意図を表現するのではなく、その建築の別の捉え方を提案するような撮り方ですね。

高野　設計する立場で見ると勝手だなと思ったりはしないですか？

山道　勝手とは思わないですね（笑）。色々な用途で写真は使うので、例えば建築計画について説明する時には構成がわかる写真、場所の空気感を伝える時には瞬間を切り取るような写真、といったように使い分けは出てくるだろうと思います。高野さんの写真は僕らが考えている以上のことを教えてくれるもので、写真の役割がそれぞれで違ってくるのだと思います。

西川　どのように伝えたいかによって役割は変わりますよね。1枚で全てを伝え切らなくてはならない場面もあります。一方、数十枚のカットを用いて、プロジェクトをシーンの集積として伝えることもできそうです。

千葉　逆に建築はシーンの集積であるという捉え方を前提にすると設計も変わっていくかもしれませんね。

メンテナンスがもたらす建築への愛着

高野　本文で、生活の反復やメンテナンスによって建築が身体化されるというお話がありました。私も建物や風景に、人がどのように愛着をもつのか興味があります。個人的な経験や記憶が影響してくると思いますが、そこにはご自身が愛着をもつ建築について考える時、どのようなことを思い浮かべますか？

千葉　僕は愛着、というと実家の縁側がまず思い浮かびます。特別な建築ではないのですが、近所の山から木材を運んでつくったもので、祖母の時代に建てられたのでそれなりに古いものです。

山道　千葉家のつくられ方は、我々の最近のプロジェクトにつながっていますね。

千葉　昔の家だから、地域のものでつくる循環が残っていました。そこでの経験や記憶とセットで愛着をもつのだろうなと思います。それから、建築を勉強するようになってからは、集落であったり長い時間を過ごしてきた民家などに、親密さを覚えます。そこで暮らしてきた人の日々のふるまいの反復が、なんらかのかたちで定着して実物から読み取れるからだと思います。僕らがメンテナンスに興味があるのは、人が手を掛けて蓄積されていくことで、訪れた人にも親しみがもてるものになる、そういう側面があるからだと思います。

山道　僕が建築を学び始めたきっかけは高校生の頃、『メイド・イン・トーキョー』（塚本由晴、貝島桃代、黒田潤三＝共著／鹿島出版会／2001年）という本を手に取ったことでした。大学では著者の塚本由晴さんの研究室にいきました。正統的な建築の歴史からみると東京にはどうしようもない建築ばかりが溢れている状況を、この本では〝ダメ建築〟という言葉で愛着をもって描いています。都市的・土木的な大きな計画と、それを乗りこなしていく人間の力強さが生み出す景観を一つひとつ写真とドローイングで記録して、ポジティブな眼差しを浮かび上がらせる本です。扱われている事例では建物を設計した人の意図と使う人の乗りこなし方がズレつつも相乗効果を生んだり、独特な生態系が出来上がったりしている。結果的にできている状況も含めてドローイングとしてリバースエンジニアリングしている。建築家を目指すなら都市と建築の間を行き来しながら考えていくのは面白いだろうなと思ったのが最初のきっかけでした。

千葉　建築には時間を掛けて理解されていく側面があると思うのですが、建築家は建物が完成したらその先には関われないジレンマがあります。僕らが下北沢に事務所を構えたのは、自分たちがつくったものに継続的に関わってみたいと思ったからです。今の山道の話は、計画したこととは関係なく自由に使われる状態が面白いのだけれど、では計画する側としてはその状態をどうつくれるかという課題につながります。

山道　その間をつなぐのが、東京における建築家なのではないかなと思います。

西川　事務所の梁上に積まれた模型箱の写真（p.003上）は、普段は積極的に見せない部分なので、ここに着目するのかと驚きがありました。

山道　模型自体が模型箱を支えている逆転した関係が見受けられます。別に優れたデザインではないですが（笑）。

西川　でも不思議と雑多に積まれていることも悪くないように見えてきます。

山道　三段重ねまでにしようとか、段ボールの側板が支えとして働くように箱をつくるとか、目下模型置き場のルールが育っている最中ですが、現状からのフィードバックが自然と起こるのは面白いです。

千葉　片付けを怠って放置されているものと、それとは無関係に日々働いている僕ら、異なる時間軸のものが異なる高さで共存している状況を見せ付けられている様子が面白いですよね。

高野　家でもこういうことが起きがちですよね。きれいに整理された状況が望ましいとしても、一旦本来の置き場所とは違う場所に置かざるを得ないものがはみ出ている、生活の切実性にその人らしさが出てくるように思います。そういうところはつい撮ってしまいます。

山道　そう言われてみると、他にもものがはみ出ている写真がありますね。

高野　使い手の使いやすさが現れているのだと思います。自分の机とかもそうですが、見た目が整っていないとしても、絶対にここになきゃいけないからそこにある、そういう使い手の癖のようなものは建築にもあると思っています。あえてそこを撮るのは少しいじわるかもしれませんが（笑）。

千葉　先ほどの生活の反復にもつながるお話で、そうした使い手の癖が定着して、建築から読み取れる状態になっ

八百屋「旬八」(2013年)　歩道に溢れ出す売り場

八百屋「旬八」　書き割りのような壁を背景に野菜が並ぶ

ていくと、愛着を感じられるのだと思います。

台所を通して誰かと共に生きるための空間を考える

西川 実は高野さん、中目黒の八百屋「旬八」(p.078)に来てくださっていたんですよ。

高野 昔働いていた事務所が「旬八」のすぐ近くにあって、アシスタント時代、毎日買い出しに行って料理をつくっていました。ツバメアーキテクツのことを初めて知った作品です。「旬八」、あれは舞台ですよね。あの場所を見ているだけで心が洗われる思いでした。

千葉 確かに舞台を反転させたようなつくりですね。

高野 バス停が目の前にあることも、あの場所を一層魅力的にしていると思います。

山道 あれは僕らにとって最初期のプロジェクトでした。クライアントから「来月オープンできるか」と言われてスケジュールも予算も今では考えられないような与条件だったのですが、当時は勢いで、「できます」と答えて始まったプロジェクトです。

西川 面積が限られていたこともあり、売り場とバックヤードが一体となった設計でした。

山道 本来バックヤードにあるものを表に出したり、はみ出す、溢れ出す、ということをデザインの対象にするというのは「ボーナストラック」にも通じています。建築とか都市に関わりたいと強く思っていた中、インテリアの仕事の依頼としてきましたが、まず外部との境界になるガラスを外すことを決めました。そうすると室内も都市の一部になるので、インテリアのプロジェクトが都市プロジェクトになる、そこからスタートしています。また、八百屋という業態が面白いのは、営業するために保健所の許可が必要ないことです。極論、それなら道で売っているかのような状況をつくればいいのではないかと議論を進めていきました。八百屋のデザインを都市プロジェクトだと頓知のように言い切ってしまう、それが出発点でした。最終的には、お弁当などを売ることになったので様々な許認可を取得しています。

西川　間口の端から端まで大通りに開いたことと、売り場の奥行きが浅いことが舞台性を強めています。野菜を買う人とバスを待つ人など本来無関係ないくつかのシーンが同時に重なっていますね。

高野　野菜も野菜の役割を演じていて、ごく当たり前な生活のシーンなのに、親子が買い物に来て母親が野菜を買って、子どもがおやつを買ってバスを待っていたりして。お店の前だけで色々なドラマが起こっていて、板を貼っただけのプレハブ感も相まって、完璧な演劇舞台を見ているようでした。

西川　確かに、書き割りのような設えですね。大量に貼られたチラシが八百屋にとっての大道具的な扱いになっています。

山道　芸術家の赤瀬川原平（1937〜2014年）が、缶詰のラベルを缶の内側に貼り替えた『宇宙の缶詰』（1964年／1994年）という作品があります。世界を内側に閉じ込めてしまう。八百屋の中に建てる壁を書き割りのようにつくって、しかも裏側を表に向けて東京を包み込む。店員さんからは野菜と道路とバス停とその奥に見える警察署がベニヤの薄い窓で切り取られて見えます。

西川　以前、高野さんは「旬八」も含めて、我々が手掛けた建築が食べる行為につながっているものが多いと仰っていました。確かに振り返るとシェアキッチンやフードコート的なもの、間接的に食と関わる場所の設計は多い。賑わいの中心には食があると考えると、人びとが集まりたくなる場所を考えることは、食と建築の新たな関係を考えることにつながりそうです。以前手掛けられていた菓子と街をテーマにした連載からも、場所と食べることについての関心の高さを感じます。

高野　はい、食べることが好きなので（笑）。

西川　例えば、日常的に料理をする機会は、料理人でも

ツバメアーキテクツの事務所1階で営むドーナツ屋

なければ、家の中以外ではありません。それが開放されて家の中のパーソナルな部分が都市に出てくると面白くなるのではないでしょうか。「ボーナストラック」にもシェアキッチンがあり、簡単な料理ができます。飲食店の方々も使いますが、テナントの方が昼ごはんを多めにつくって周りにふるまっている時もある。店舗のフォーマルなキッチンと、インフォーマルな家の台所の間を行き来するような状況があります。

高野　今までは家にしても台所は裏に隠すなど、食の空間は表に出さない方が主流でしたが、その裏を表に出していくわけですね。

山道　建築家がつくる住宅でも、台所を見せない時代から、オープンキッチンになり、最近では小商いができるように表にもってきて主役として位置付けることもあります。社会の想定の変化は、水回りに最も顕著に投影されると思います。また僕としては飲み屋街や繁華街特有の、直接設計できない界隈性にすごく憧れている面はあります。人間が最もだらしなくなる場であり、反対に最も見栄を張る場所でもある。色々な人が汚し散らかす一方で、1日が終わる時には一度きれいに片付けて、もう1回リスタートするサイクルがあり、人間らしい側面が交互に現れる場所だと思います。そうした場所と共にある空間は、これまでは建築家の作品にはなりにくかったと思うのですが、しっかり考えていきたいという思いがあります。

千葉　『東京の台所』（大平一枝＝文・写真／平凡社／2015年）というエッセー集が事務所にあります。様々な家庭の台所を見て、台所から見えてくる日常や人生、ドラマを綴るという内容です。食べることはすごくありふれた行為ですが、生命を維持するための根源的な活動です。だから、お勝手を見るというのはその人を支えている生命維持装置を見ているようなものだ、なんていうと大袈裟な感じがするかもしれませんが、台所を共有して一緒に食べたり、つくったりすることは、誰かと一緒に生きているということを感じられる場所をつくることにつながるような気がします。それから、台所には色んな生き物がやってきて、加工されて、栄養になったり、ゴミになったり、あるいは分解されて土に還ったりなど、生命の結節点になる場所です。

そうしたものの循環の観点から台所を捉え直してみると、食べる場所の可能性はもっと広がっていきそうです。

高野ユリカ
写真家
新潟県生まれ。ホンマタカシ氏に師事、2019年独立。土地や歴史、建築や空間、個人の物語のリサーチから着想し、history：his-storyに応答するher-story、歴史に残ってこなかった無名の人びとへの想像をテーマに作品を制作している。建築、空間、環境、セノグラフィーの分野を中心に活動。

第三章 「つくる」と「つかう」をつなぐメンテナンス

――千葉元生

街の緑のメンテナンス

私たちが関わる下北沢の開発「下北線路街」[1]の植栽メンテナンスを請負うシモキタ園藝部[2]（以下、園藝部）という団体がある。植物が好きな地域住民の市民活動であったが、一般社団法人化し、今では小田急電鉄から正式に依頼を受けている。園藝部の活動の面白いところはただ植物をメンテナンスするだけでなく、それを起点に活動を広げ、街に様々な循環を生み出していくことにある。例えばメンテナンスで剪定した枝葉と、近所の店舗で出た廃棄されてしまうコーヒー粕やそばがらを混ぜ合わせ、発酵させて堆肥をつくる。できた堆肥を植物を育てるために利用して、街に還元する。あるいは街中で不要になった鉢植えなど、行き場のなくなった植物をレスキューし、セカンドハンドで売る。彼らはこの活動を下北沢が古着の街であることに掛けて、「古樹屋」と洒落の利いたネーミングで呼んでいる。私たちの事務所の前の庭にはその堆肥を利用し、古樹屋で購入した紅葉やユーカリを植えた。自分たちの庭が、街との関係の中でつくられていると実感できることは喜ばしいことだ。その他にも育てたハーブでティースタンドを運営したり、剪定した枝葉をリースやブーケにして販売するなど、植物の生をあらゆる方法で味わい尽くしている。

　こうした活動を近くで見ているうちに、きっと彼らは植物の気持ちになって都市空間を眺めているのだろうと思うようになった。植物を剪定するには、こっちに伸びたら気持ちがいい

1　下北線路街　小田急線「東北沢駅」～「世田谷代田駅」の地下化に伴い、小田急電鉄が行っている全長約1・7㎞の線路跡地開発の名称。

2　シモキタ園藝部　世田谷区の北沢・代沢・代田地域を主なフィールドに、街の植物を守り育てていくことを目的として2020年に発足した一般社団法人。

古樹屋で買った樹木を事務所前の庭に植え付ける様子

とか、ここを切ったら風通しがよくさっぱりするとか、植物に自分を重ねて空間を認識する想像力が必要になる。そうしているうちに捨てられてしまうコーヒー粕や生ゴミを見て、せっかくの栄養なのにもったいないと思ったり、別の土壌があればもっと長生きできるのにと思うなど、どんどん植物視点での想像力が開かれていったに違いない。植物の気持ちになって知覚する都市空間は、廃棄物も大歓迎、所有権なんてお構いなしの全く違う世界に見えてくるはずである。「樹木に栄養がいくように下草を間引く。けれどもきれいにしすぎると虫の居場所がなくなってしまうから、バランスを見て刈り取るのが大事」という園藝部員の話からは、植物の気持ちになって考えてみると次は昆虫が、次は土中の微生物がというように、あらゆる主体に次々に想像が広がってつながり、ひとつの系になっていく様子を思い浮かべた。人もその系の中の一員であるという感覚は、他者と共に暮らしているという安心感を与えてくれる。

建築のメンテナンス

都市に様々な資源を発見し、つなぎ合わせ、これまでになかった事物連関を生み出していくパースペクティブは、メンテナンスというかたちで具体的な対象と向き合うことによって見えてくるものであって、ただその場所で過ごしている使用者の視点や、外側から俯瞰的に眺めている計画者の視点では捉え切れないものだ。使うことやつくることだけでは見えてこない、繕う中で発見されるものだと言い換えてもいい。

これは「建築家なしの建築」[3]と呼ばれるようなヴァナキュラーな建物や集落と、建築家がつ

3　建築家なしの建築　１９６４年にニューヨークの近代美術館（ＭｏＭＡ）で開催された展覧会およびそれに伴って出版された書籍のタイトル。展覧会を指揮したバーナード・ルドフスキーは、「風土的」「無名の」「自然発生的」「土着的」「田園的」という５つの言葉をあげ、世界各地の土着的な建築を紹介した。

くる計画された建物の対比とも重なる部分がある。かつての日本の民家や集落の風景も、建材を里山から確保し、屋根の葺き替えのために茅場があったというように、メンテナンスのために人が自然に働き掛けることによって成立していた。自分の身体と建築、地域の風景が地続きにあると実感できる暮らしには、生きる環境を自分たち自身でつくれるのだという確信があったはずである。しかし建築の産業化が進み、建築をつくる材料と労働が土地から切り離され、外部化されていく過程で、こうしたつながりは失われていった。建築は世界中のもので建てられるようになり、つくることは専門家に委ねられ、利用者は使うばかりになった。「つくる」と「つかう」が分断された状況の中で、建物はメンテナンスされなくなり、竣工時を頂点として時間が経つほどに価値が下がるものになっている。

「建築家なしの建築」に惹かれる一方で、建築家として計画する立場にある、という矛盾。この矛盾に取り組むためには、使うことやつくることだけでなく、繕うことを考える必要があるのではないかと思うようになった。こうした考えから、本章では建築のメンテナンスに焦点を当てる。建築をつくることが外部化され、専門性に囲い込まれ、不可視化された状況に対して、自らの手で関わること、身近な環境との関わりの中でつくること、変化していくことといったメンテナンスという言葉から想起される事柄から建築を見直してみたい。そしてその時に、どのような建築デザインの可能性が開かれるのかを考えてみたい。

住民のメンテナンスでつくられる街

下北沢では複雑に入り組む細い路地に個性豊かな小売店が連なることで、特徴的な街並みが形成されてきた。こうした下北沢らしいといわれる街並みは、細い路地とそこに建ち並ぶ建築群といった都市の空間構成だけによって形成されてきたものではない。こうした構成の上に、演劇や音楽、古着などの文化が根付き、その文化に裏付けられたメンテナンスのかたちが住民や店主たちの手によって蓄積され、創発的に形成されてきたものが下北沢らしさなのだと思う。設計した「ボーナストラック」では、この下北沢らしさをいかにして開発という産業的な枠組みの中で引き継ぐかということが大きな問いとなっている。しかし、この下北沢らしさは誰かが計画してつくれるものではないから、それを設計で生み出すのは困難だと思った。街並みをつくるのはあくまで住民であり、建築はそのための下地にしかなり得ない。だから、できるだけ利用者が手を加え続けていくことができる環境をつくり、使う人の痕跡が蓄積していく場所をつくることを目指した。そのために私たちが考えたことは大きくふたつで、ひとつは人の手が介入しやすい建築をつくること。もうひとつは入居者が自治によって場所をつくっていくためのルールづくりである。後者の詳しい内容は別の章に譲るとして、ここでは「ボーナストラック」で試みたメンテナンスしやすい建築のつくりについて述べていきたい。

わかりやすく、バラしやすく

なにかを直したり、手を加えたりしようと思った時、まずはその対象が理解できるものでなければならない。理解することができると不具合が起きても直すことができたり、あるいは自分で直せなくても原因が想像できる。そうやって自分自身が把握できるものの方が、自分の身体の延長のように感じられて愛着をもって使うことができる。例えば近年の車はほとんどコンピューター化していて、ミラーも窓もボタンひとつで動かすことができるし、運転のサポートまでしてくれるようになったけれど、至れり尽くせりでなんだかよそよそしい。一方、古い車に乗るとその手づくり感に驚くことがある。昔のフィアットパンダのサイドミラーは、フレームに把手の付いた鏡が刺さっているだけの簡単なつくりであった。修理をしながら昔の車に乗るのを好む人が多いのは、デザインの嗜好性だけではなく、乗り手の理解の及ぶ範疇でつくられていたからではないだろうか。

「ボーナストラック」もなるべく見て理解ができるようにつくることを心掛けた。軸組み現しの真壁造りで、天井は現し、配線などはケーブルラックを用意して経路がわかるように施工してもらう。屋根も軒裏を仕上げずに、垂木、合板が露出して、薄い軒をつくっている。庇はアングル型の金物を用意しておき、そこに入居者が垂木を留めて屋根仕上げを施したり、看板を吊り下げたりなど、手を加えられるシステムとした。隠してしまった方がきれいに仕上がるかもしれないが、ものの接合をなるべく可視化して、ビスやボルト留めなどバラしやすいようにしている。結果として各々の店舗の手の入った庇が、特徴的な店構えをつくっている。かたちを整えようとものとものの関係を隠蔽していくと人が関わる余地が減ってしまう。きれいに整えられたものでなくとも、繕いやすさから考えられたわかりやすく、バラしやすいもの、凸凹して関わりしろが多いものの方が愛着をもてる。

もののアクセシビリティ

もの自体にも人の関わりやすさの度合いがあって、なにでつくるのかという選択はメンテナンスのしやすさに大きく関わってくる。こうしたものに対する介入のしやすさを、もののアクセシビリティと呼んでいる。軽くてやわらかい素材、そして複合化していない自然素材の方がアクセシビリティが高い傾向にある。例えば土は非常にアクセシビリティの高い素材である。地球上のあらゆるところに存在し、世界各地で土でつくられた建築を見ることができる。土壁のように左官で使うこともできるし、版築のように突き固める方法もある。日干しレンガのように乾燥させ積んでいくことも可能だ。こうした様々な構法が存在するのは、土が加工しやすく、誰でも扱うことができ、簡単に採取できるからだろう。余談だが、ツバメも土と小枝に唾液を混ぜて巣をつくる。まだ土を使って建築をつくる機会はないが、近いうちに挑戦してみたい。

次に、木は軽くてやわらかく加工性に優れた、人が介入しやすい素材である。引張／圧縮強度共に高く、断熱性や吸湿性もあり物理的にも優れている。ＤＩＹでもコンクリートの打設や鉄の加工はハードルが高いが、木材は扱いやすい。これに対して、コンクリートは木よりも耐火性や耐水性に優れているが、硬くて重量があり一度打設すると手を加えづらい。またプラスチックなどの人工素材は軽く、やわらかい上に耐腐食性をもち、物理的には優れているが、組成が複雑で人が介入する余地が少ない。

建築は素材の性質を考慮して、適材適所にものを組み合わせることでつくられる。そしてその組み合わせ方次第で建築への介入のしやすさが変わってくる。重要なのは組み合わせの判断基準なのだが、そこには様々なインセンティブが働いている。例えば法規制によって求められる耐火性能や長寿命化の名の下に整備された制度による仕様、住宅ローンの優遇を受けるための仕様などである。性能を担保するための基準が隅々まで整備されているために、これに沿っていくだけで組み合わせはほとんど決められてしまう。残されるのは好みに応じて表層の仕上げを変えられる程度である。こうした耐久性を担保するための基準は否定し得るものではないのだが、なるべく耐久性を上げて人の手間を省こうとする発想は、ただメンテナンスフリーを目指すようなものである。本当に長寿命化を目指すのであれば、人が手を加え続けられることを前提とすべきではないか。ここにもののアクセシビリティの観点を加えることで、「壊れにくい」だけでなく、「壊れても直せる」状態をつくるという選択肢が開けてくる。

「ボーナストラック」の庇が、鉄と木の組み合わせでできているのは、耐久性を鉄で確保しつつ、手を加えやすい木材によって入居者の介入の余地を広げるためである。バルコニーや手すりでも同様に、鉄と木を組み合わせてベンチやカウンターを設え、人の居場所をつくるようにした。ささやかなことではあるが、これが賑やかな印象や関わりやすい印象を生んでいる。もののアクセシビリティに配慮して、壊れにくい部分と壊れても直せる部分をハイブリッドさせ、その分節を考える。メンテナンスから建築を考えた時、この分節の仕方そのものが特徴的なデザインを生み出し、耐久性をもちながら人が介入しやすい建築を実現させていく。

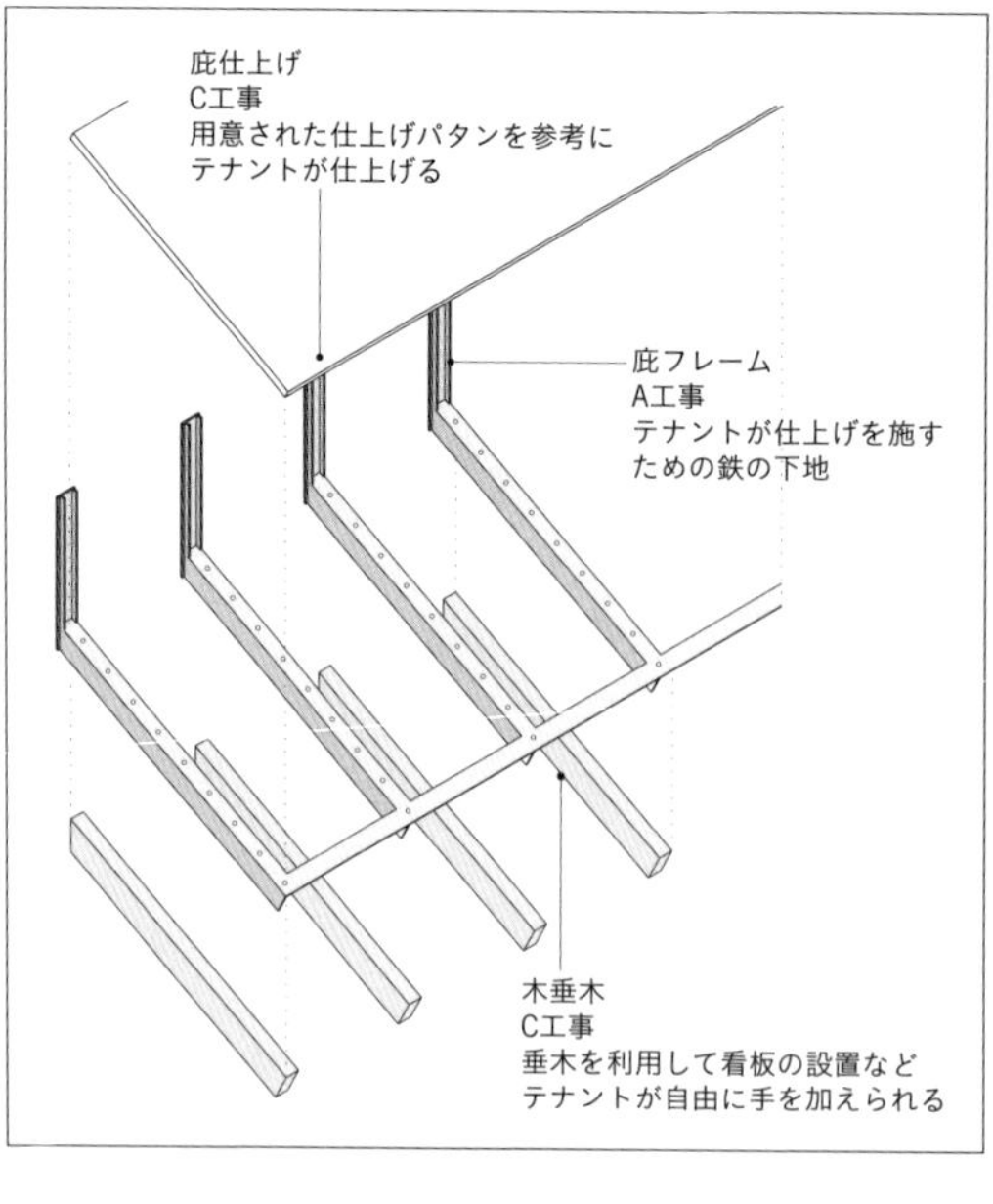

庇のカスタマイズ方法

断片的な連続性による輪郭のない全体

「ボーナストラック」は東西約3・7mの高低差をもつ敷地に、木造2階建ての建物が広場を内包しつつ路地をつくるようにして6棟建つ（内1棟は倉庫）ことで構成されている。建物は基本的には似た形式を取りながら、高低差と路地、広場の関係に応じて、基礎の形状や窓の開け方が変化する。平面はそれぞれ雁行していて、ヴォリュームごとに異なる向きの片流れ屋根を架けている。故に切妻や寄棟などと比べ、1棟としての独立性が低い。1棟で完結するのではなく、6棟の集合によって全体が成立するあり方を目指したからであり、だが同時にこの全体も決して完結的ではない。外壁も同様に、棟ごとに仕上げの統一はせず、複数の仕上げが各棟に施されている。しかし完全にバラバラにするのではなく、入隅をつくる部分では棟の単位を超えて連続させている。これも棟の独立性を弱めつつ、一部に連続性を生み出すことを意図している。また出隅に施した窯業系サイディング[4]の面は、自由に上から仕上げられるルールとし、入居者の手の痕跡が蓄積されていくようにした。あらかじめ複数の仕上げを施すことによって、入居者が施す仕上げと調和する状態を目指し、その上で断片的な連続性を生み出そうとしている。

建築に手を加えようと思った時、独立性の高いピカピカの完成品のような建物では介入する余地がない。かといって、てんでバラバラでもどこから手を付けていいかわからない。だから、強い自律性を表現する形式や、バラバラであることを過度に表現する形式に陥ることを避け、断片的な連続性によって輪郭のない全体をつくろうとしている。個体差をもちながら共通性

4　窯業系サイディング　セメント質原料、繊維質原料、および混和材からなる混合原料を板状に成型した外壁材。

をもっていることが、感覚的にその場所を理解するための手助けとなって、人の介入する余地を高めていけるのではないかと思う。

人以外のものが主体となる空間

ここまでは「ボーナストラック」で考えたメンテナンスしやすい建築のつくりとは、どんなものかを述べてきた。次に、冒頭で触れた園藝部と協働したプロジェクトを通して、メンテナンスの活動を支えるための空間についてみていきたい。園藝部は誰もが参加できるオープンなコミュニティで、現在150名ほどのメンバーがいる。地域住民だけでなく、園芸を学びたい学生、都会暮らしで土を求めている人、プロの造園家などが所属する。下北沢駅前に彼らの拠点となる小屋と「シモキタのはら広場」をつくることになった。一般的に、都市の緑地はなるべく手が掛からない植栽が植えられることが多い。一方、「シモキタのはら広場」は野生の庭をコンセプトに、園藝部がメンテナンスし続けることを前提として、大きな落葉樹から雑草と呼ばれるような草花まで多様な植物が植わっている。植物の生育に合わせて手入れの仕方が調整されるこの場所は、「動いている庭」[5]のように、植物が主体となって日々変化している。

私たちは、「シモキタのはら広場」の計画に並行して、彼らの拠点となる30㎡弱の小さな小屋の設計を主に担当した。野良仕事をして戻ってくる場所になるため、建物を2棟に分け、間に小さな庭を挟む構成とした。1棟はハーブティーなどを販売する茶屋、もう1棟はワークショップなどを行う活動スペースとして使われている。建築は華奢な鉄骨フレームで構造を成

5 『動いている庭』ジル・クレマン、みすず書房、2015年　フランスの庭師ジル・クレマンの「動いている庭」は、できるだけ合わせて、なるべく逆らわない、という哲学のもと、植物の動きを植物自身に任せ、庭のかたちが変わり続ける。

真壁造りを基本とし入居者が壁を仕上げていく。
天井現しで設備や配線経路が見えるようにしている

月
日
（　）

合板と垂木で跳ね出した薄い軒が連なる

各テナントが庇をカスタマイズしている様子

鉄の手すりの天板を木で仕上げ、カウンターとして使えるようにした

シモキタ園藝部のこや外観

内部は植物やメンテナンス道具で溢れる

「ボーナストラック」西側俯瞰。雁行した平面、分節した屋根と外壁など、断片的な連続性によって全体を構成している

町家が反復する奈良井宿の街並み

断熱補強を施したカッテからミセと通りを見る

立させ、そこに木の二次部材による床、壁が取り付くようにして構成される。木の二次部材には作業道具を掛けるための棚をつくったり、植物を絡めるためのワイヤーを取り付けたりなど、手を加えていくことを意図していて、ここでも、もののアクセシビリティに配慮したデザインとした。外部まで伸びた鉄骨フレームは植物が覆い、やがて緑の屋根を形成する予定だ。

150名ものメンバーがいることもあって、この場所にはメンテナンスの道具や剪定した枝葉、貰い受けた鉢植えなどが日々やってきては出て行き、流れている。だから訪れる度に異なる光景が広がっていて、季節ごとの植物で満たされている。内部にいると人が植物や道具の場所に居候しているような感覚になるが、そのお邪魔させてもらっている感じが不思議と心地良い。サービスの空間に囲まれて暮らす私たちにとっては、放っておかれる空間がかえって安らげるのだろう。「シモキタのはら広場」と同じようにこの場所は、まず植物や道具のための場所であって、人が主体の場所ではない。そこに集まった草花や、それらを調理した食べ物、作業道具などが見えていることによって、誰が、どのように、どうやって街に関わっているのか想像できる場所になっている。

訪れる人が使うだけの、サービスの視点でつくられた都市空間は、なるべく手が掛からないように整備されている。その清潔さを維持するための道具小屋や掃除用具入れなどは、裏側に覆い隠されている。しかしメンテナンスを前提とすると、植物が主体の庭や道具が主体の小屋など、人以外のものが主体となった空間を顕在化させることができる。そこに人の居場所を共存させることによって、多様な事物との関わりを実感できる場所が生み出せるのではないか。それは、クリーンで便利な都市空間ではないかもしれないが、他者のざわめきに溢れた、賑やかでいきいきとした場所になると思う。

型のメンテナンスを通して時間に接続する

「ボーナストラック」において建物それぞれは異なりながらも、個体を超えた共通する特徴をもった建築を目指したのは、建築のタイポロジー（類型）を問題にしたかったからである。建築の型は、気候、材料、生活、制度などの様々な条件に対して、こういう場合はこうやるという応答の仕方が洗練され、反復され得る形式として定着したものだ。したがって、建築の型を見れば、外から来た人でもその場所のやり方のようなものを理解できるし、やり方が共有されればそこに参加することもできる。「ボーナストラック」は周囲の住宅地のやり方を展開するタイポロジーの実践ではないが、住宅地や駅前の店舗に現れる要素を組み合わせ、住宅地の中に職住近接の新たな型を提案することを目指したものであった。

次に、こうした建築の型とメンテナンスの関わりを考えたプロジェクトを紹介したい。重要伝統的建造物群保存地区（重伝建）に指定されている奈良井宿で、東京から移住する夫婦のために町家を改修することになった。奈良井宿は中山道のちょうど真ん中に位置する宿場町で、200年前の町家が1㎞にわたり保存されている。少し蛇行した道に次々と顔を覗かせる町家の連なりは圧巻で、これを維持してきた労力は計り知れない。しかし、全体の1／3が空き家だと聞く。調べていくと重伝建の改修には補助金が付くが、その対象は外観に限定されていて内部改修に関する明確な指針はないことがわかった。現役の町家でも断熱がないものは驚くほど寒い。メンテナンスのあり方が保存に基づいて外観や意匠の固定に偏ってきた結果、

6　出梁造り　1階部分よりも2階がせり出した建築形式。

暖かい季節にしか人が訪れない観光地としての姿が定着してしまったのである。ここでは活用を前提とした実践的なメンテナンスのかたちが求められていた。

一方、町家を観察していくと、そこに組み込まれた知性から、かつての暮らしを想像することができる。奈良井宿の町家は出梁造り[6]が特徴的で、これが奥行きのある街並みを生み出している。内部の基本構成は、通り庭に沿って、ミセ、カッテ、ナカノマ、ザシキ、庭が並ぶ。ミセの蔀《しとみ》は3分割されていて、一部を障子とすれば採光でき、全て取り外せばミセを開放することもできた。その脇にはミセが営業している時に開ける大板戸と、通用口で寒さ対策にも考慮した潜り戸がある。奥に進むとカッテは吹き抜けていて、明かり取りの窓が付く。その下には囲炉裏があり、屋根裏まで躯体を燻していたことが窺える。隣家との隙間はヒヤと呼ばれ、押入れや仏壇などで隣接する町家のどちらかが陣取りゲームのように活用していた。この場所に移り住むのであれば、こうした町家に組み込まれた知性を活かさない手はなかった。

まず囲炉裏はもう使わないから、カッテの吹き抜けには天井を貼って断熱補強を施した。冬は内側にあるカッテを中心に、夏は開放的なミセやザシキを中心に、季節によって人間の方が暮らす範囲を調整する計画である。既存の天窓を活かして、断熱補強のために大きく設けた天井懐を貫通するように光井戸をつくり、日中は自然光の中で過ごせるようにした。これにより、下に置いた漆のちゃぶ台や襖の縁が光の観測装置となって蘇った。塞がれていた通り庭は土間を復活させ、施主のもつ大量の本を置いて図書室と読み替えた。ヒヤには壁床を設えて、趣味の花を生けられるようにした。ミセにはカーペットを敷き、ヨシズの天井を設え、蔀を開けた時に街を彩れるようにした。

ここで取り組んだのは、町家の型に現代の暮らしの条件を重ね、伝統と生活のズレをチュ

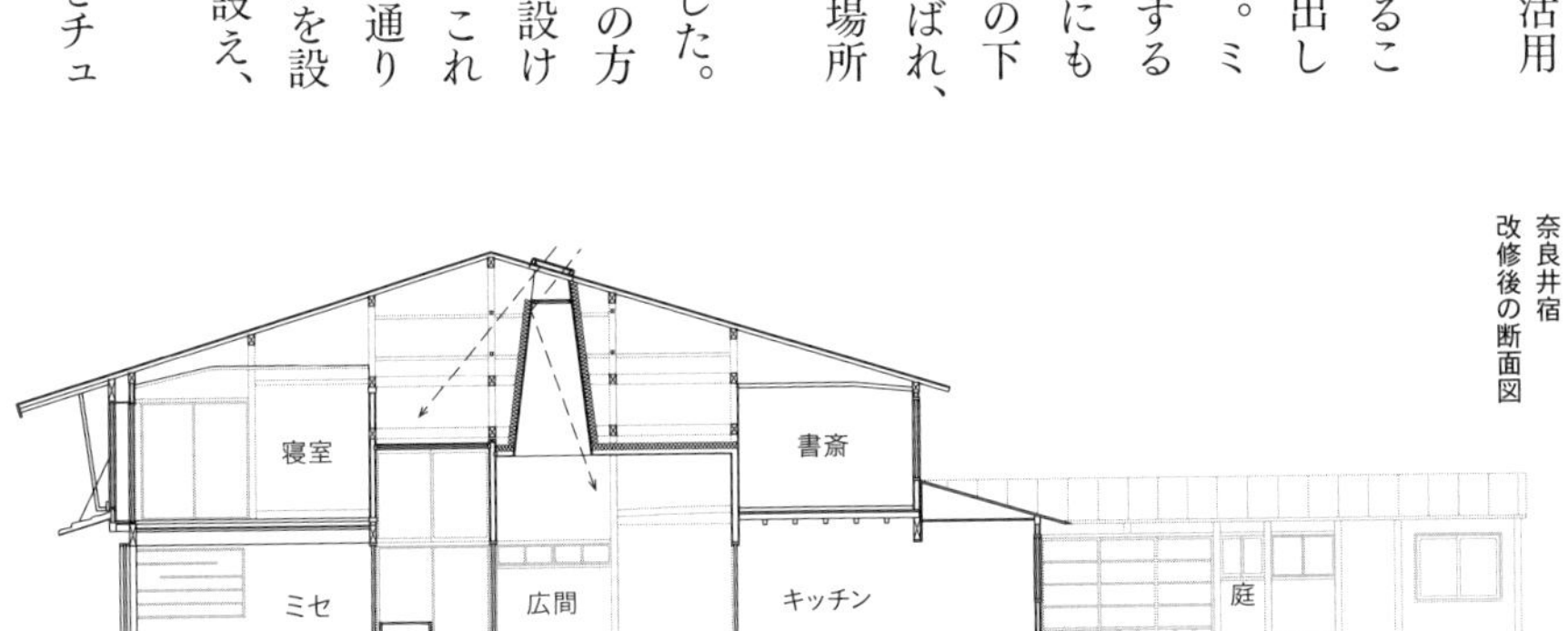

奈良井宿
改修後の断面図

ーニングする作業であった。それは型に組み込まれた知性によって現代の暮らしを批評すると同時に、実践的な視点から型を批評し返すことでもある。そうやって相互に批評させ合うことによって、町家の型を活性化させつつ、町家が紡いできた歴史や文化に私たちの暮らしを接続させることができる。メンテナンスとは、常に既にあるなにかに対する関わりの仕方である。だからその対象が型であれば、型が長い時間の中で結んできた事物とも関係を結ぶことができる。型のメンテナンスを通して歴史や文化に接続すること、これは現在性に覆われた私たちの暮らしにとって貴重なことだ。

共同性を支える、技術の集合としての建築

建築の型は、あるやり方が規範として共有され、街並みに反復して現れるという意味で共同性をもっている。同時に建築は、大きくてひとりでつくることが困難であるが故に、共につくる可能性に開かれていて、共同性を醸成する基盤＝コモンズになってきた。例えばかつての結《ゆい》は、屋根の葺き替えなど、ひとりでは困難なメンテナンスを共同で行う相互扶助の仕組みであった。そこには人手や資源の扱い、技術の伝承などの条件があり、それらをバランスさせることでコミュニティが維持されてきた。ここでは、共につくり、繕うことについて考えたい。

人が施工に関わることを考えた時、関わるためにはある種の技術が必要になる。一定の技術をもった人しか関われないのではつまらないから、参加する人に応じて関わりしろを増やすための段取りをデザインする。例えば、塗装や左官であれば比較的誰でも参加しやすいが、高

所の施工は難しいので見切り縁を壁に入れて塗る範囲を限定する。子どもに参加してもらった家具のペンキ塗りワークショップでは、小さな子どもも参加できるように塗装用のスタンプをつくり、ペタペタと家具に模様をつくってもらった。高校生の拠点をつくるプロジェクトでは、アルミホイルを古い躯体に貼る仕上げとして、高校生と共に施工した。椅子張り職人さんの住宅を設計した際には、一部の壁や建具などに、後から布を貼って仕上げられる下地を用意した。このように技術のレベルによってつくり方をデザインすることで、その場所を使う人にも、施工に参加してもらうことができる。建築の面白い側面のひとつは、最先端のテクノロジーに比べれば、ローテクであることである。もちろん鍛錬が必要な技術も多々あるが、誰でも参加しやすい原始的な技術も共存することができる。人手が必要な仕事も多いから、職人に教わりながら参加することもできる。様々なレベルの技術が集合する建設には、多様な人を巻き込める、専門性に包囲されない寛容さがあるのだ。

共につくり、繕う視点は、建築を技術の単位に分解する。そうして分解された仕事の中に、多様な人びとが関われる余地をデザインしておくことで、建設を開かれたものにする。そのことによって、あらゆる物事を個に還元していく社会の中でも、建築のもつコモンズとしての側面を回復していくことができるのではないだろうか。

メンテナンスと愛好家

時間を掛けて使われていく中で、その場所が豊かに育っていくような建築を、あらかじめ計画

高校生に施工に参加してもらい、
アルミホイルで古い躯体を仕上げた

子どもたちに参加してもらった、家具のペンキ塗りワークショップの様子

することはどのように可能なのだろうか。まだ発展途上だが、この疑問に答える仮説として、「つくる」と「つかう」をつなぐメンテナンスに着目した建築実践には可能性があると思う。

「ボーナストラック」では、わかりやすく、バラしやすくつくること、ものの関わりやすさに配慮して分節を考えること、断片的な連続性によって輪郭のない全体をつくることをメンテナンスしやすい建築のつくりとして試みた。これらはものとものの取り合いを考える構築法の観点、扱うもの自体の性質の観点、全体の構成法の観点からそれぞれ建築を見直そうとしたものであった。オープンから4年が経つが、入居者が思い思いにカスタマイズしている様子に、それなりの成果を感じている。また、人以外のものが主体となる空間や、歴史との接続、建築のコモンズとしての側面が、メンテナンスに着目することを通して浮かび上がってきた。これらは建築の産業化が、つくることの専門性を高める中で切り捨ててきた価値である。

多様な人がメンテナンスできる建築を考えることは、「つくる」と「つかう」が分断された線形の図式から、使ってはつくり、つくっては使うという循環の図式を目指すことを意味する。おそらく「つくる」と「つかう」の往来が繰り返されるうちに建築家の気配は消え、かつての民家のように、人と建築が相互に交流し続けることが、ひとつの環境を生み出すような状態を獲得できるのではないか。そのためには、つくることの専門性による囲い込みを切り崩さなくてはならない。それは、囲い込みの外側からではなく、内側からによってこそ可能なことだ。だから、現代において「建築家なしの建築」を目指すことと、建築家でいることは矛盾しない。そのためにはむしろ、囲い込みの外側に出ようとする建築家が必要とされるのである。ただし、その建築家はつくる専門家ではなく、専門性を切り崩すアマチュアであるべきだ。アマチュアとはラテン語の「amator」に由来する「愛好家」を指す言葉である。

参考文献

『ヨコとタテの建築論――モダン・ヒューマンとしての私たちと建築をめぐる10講』青井哲人、慶應義塾大学出版会、２０２３年
『時がつくる建築――リノベーションの西洋建築史』加藤耕一、東京大学出版会、２０１７年
『新装版　生きられた家――経験と象徴』多木浩二、青土社、２０００年
『分解の哲学――腐敗と発酵をめぐる思考』藤原辰史、青土社、２０１９年
『時間のなかの建築』モーセン・ムスタファヴィ、デイヴィッド・レザボロー＝著、黒石いずみ＝訳、鹿島出版会、１９９９年

第四章

だれのものでもない庭

——西川日満里

私的所有の外側

私たちが暮らしている社会では、自分のものを自分だけで消費することが、当たり前のように考えられている。私の自転車は私のもので、隣人が勝手に使うことは想定していない。子どもの持ち物はクレヨン一本一本に名前を書く。住宅地を見渡せば、家々の所有を線引きするために敷地境界線上にはフェンスや塀がつくられる。こうした私的所有の考え方が、私たちの認識のベースとなっている。それは責任の所在を明らかにすることで、トラブルを回避し、専有することで取り扱いの自由度を担保する。一方で自分以外や敷地の外側への興味関心をもちにくくする。都市にはたくさんの人びとが密集して暮らしているけれど、同じ空間を共有しているという感覚より、バラバラになって孤立しているように感じることがあるのは、所有という線引きによって、物理的な場所が個別に切り分けられたものになっていることと無関係ではないはずだ。

反対に、そうした敷地境界線が意識されない場所も都市の中にはある。2019年に下北沢を対象として、屋外の家具や工作物がどのように設えられ、使われているのかを調査した。そこでは建物と道の隙間を利用したベンチ、道に展開する本棚、ビルのアプローチ階段に座り談笑する人、ガードレールに腰掛け宴会する人、誰かの所有物を自分のもののように一時的に使う状況が多く見られた。

階段と木がつくる待ち合わせ場所

道に溢れる花壇

下北沢は川により削られた谷と、いくつかの台地が入り組んでできた複雑な地形をもつ。戦後、大規模な区画整理が行われないままに急速に人口が増えたことで、地形沿いに商店街や住宅地が形成された。結果、車が入りにくい入り組んだ路地や、歪んだ街区に小さな店舗が密集した場所が今でも多く残る。劇場とスナックが複合するザ・スズナリのように、用途が混在する建物も多い。都市構造をきっかけとして、商業とカルチャーが入り混じった独特な環境を住民自らがつくってきた歴史をもつ。下北沢の人びとの都市に対する自由なふるまいは、こうした環境から影響を受け、さらに領域横断的な行為が今も日常的に繰り返されることで、私的所有をものともしない街の使い方が実践されている。

誰かのものを皆で使う

文化人類学者の松村圭一郎[1]は、『所有と分配の人類学』においてエチオピアの農村社会のフィールドワークから、こうした状況を「行為としての所有」と呼ぶ。「穀物を栽培したり、牛に草を食べさせたり、柵を構築したりといった『資源』の『利用』をめぐる行為が、土地の『所有』と分かちがたく結び付いている」「同じ土地であっても、農民と土地との関わり方には、様々な違いや変化が見られる。つまり、農民たちによる土地の『利用』という行為によって、その所有のあり方がつくられている」とあるように、行為としての所有では誰が、なんのために、どの程度の時間利用するかで所有の関係が決まる。それは、無意識的に誰かのものを皆で使っている状況ともいえる。

店と道の間のベンチ

劇場とスナックの複合施設

誰かのものを皆で使う状況は他でも見られる。熊野古道は、和歌山県の熊野三山[2]を目指して各地からの巡礼者が歩いた道として知られる。起点と終点ははっきりと決まっておらず、どこから歩き始めてどこで降りてもいいらしい。熊野古道は信仰の道というイメージがあるが、元々は古道沿いに点在する集落の生活道だった。そのため、現在も個人所有の森と行政が管理する森が交ざっている。そう言われて林の中を見ると、木に所有者の名前が書いてあったり、道のところどころに境界杭が打ってある。道中には梅の木が続く畑や、古民家を改修した宿、工房や銭湯もある。集落や農業といった暮らしの場と、神社や神木、石碑などの信仰の場が交互に現れ、それらを山道がつないでいく。生活道としての往来があることで、道は荒れずに保たれる。暮らしと信仰という、本来地続きで存在してきたものが、領域を分けることなく成立しているのが熊野古道で、確かに敷地境界線は存在するけれど、それは絶対的な所有を示すものではなく、もっとあやふやでやわらかな線の集合のように見えた。

かつて、こうした誰かの所有の範疇にあるものを一時的に皆で使うことや、異なる用途で使うことを許容するあり方は、私たちの身近にあるものだった。けれども他の領域と同様に、都市の外空間も産業領域に組み込まれつつあり、こうした行為としての所有が見られる場所は徐々に少なくなっている。都市、地方を問わず駅前やビルの足元には多くの広場が計画されるが、そうした公開空地は街の構造とは切断され、さらに「空地」の名に反してそこで行ってよいことに制限が掛けられることで、いつの間にか誰にも使われない排他的な外部となっている。既存街区を横断する都市計画道路は、交通の利便性向上や道路拡幅による容積率の増加を生むが、車道により分断された街の文脈と人びととの活動の場は戻らない。

2022年に事務所を早稲田から下北沢に引っ越した。「ボーナストラック」に来ると、色々

1　松村圭一郎（1975年〜）　文化人類学者。エチオピアの農村や中東の都市でフィールドワークを続け、富の所有や分配、貧困と開発援助、海外出稼ぎなどについて研究を行う。

2　熊野三山　熊野本宮大社、熊野速玉大社、熊野那智大社の3つの神社の総称。日本全国に約3000社ある熊野神社の総本社。

広場をつなぐロングテーブル

な人が思い思いに使っている感じがする。空いた場所で什器をつくる人、屋外席でオンライン会議をする人、犬の散歩をする人、伸びた枝を剪定する人、食事をする人……。壁に映像が投影されるタイミングには広場がギャラリーのようにも見えてくるし、縁日には商店会のマークが入った提灯が木々の間を横断し、駅前商店街とのつながりに気が付く。振り返ると、「ボーナストラック」の設計は「誰かのものを皆で使う」という状況を、どのように積み重ねるかの試行錯誤だったように思う。

境界線の集まり方

敷地の境界には境界物が求められる。法規、設備、プライバシー、福祉的な配慮、様々な要素がぶつかり合うのが敷地境界線である。具体的には領域を示す杭や見切り材、視界を遮るための塀や植栽、雨水排水のための側溝、セキュリティ上の門扉などである。つくり方によって双方を遮るバリアにも心地よい居場所をつくるきっかけにもなり得ることから、どのように関係性を調停するのかが境界部には問われる。

「ボーナストラック」の敷地は駅前の繁華街と住宅地をつなぐ位置にあることから、目的地になるというよりは、日常的に通りたくなる道のような場所としてつくることを考えた。東西に長い帯状のかたちで3面が道に接し、端から端までで3・7mの高低差がある。通常、各面の境界部をフェンスや段差処理用の縁石がぐるっと囲んでしまうところ、左記のことを実践している。

上映会時は外壁がスクリーンとなる

冬季の屋外利用を促す温室

南側の区管理道路は世田谷区と協議の上、敷地内外を同素材の舗装で仕上げ、3・7mのレベル差は1／20の緩勾配のスロープでつないだ。境界にはなるべくなにも設けず、建物と建物の間のどこからでも入れる計画としている。敷地内に点在する庭は区管理道路側まではみ出す配置とし、官民それぞれの施工者の協力の下、境界を横断する形状とした。全体として大らかな道の中に建物と植栽が分散配置され、官民の境界はほぼ意識されないのではないかと思う。境界物がないことで、早朝、店舗が営業していない時間帯は全体が広々とした街路に、週末や祭りのタイミングでは区管理道路側まで敷地内の広場が広がる。

手すりや塀の設置が避けられなかったり、設置した方が計画上よいこともある。そのような場合は下北沢のリサーチの学びから、単一の機能ではなく、状況によって読み替えができるような仕様を考えた。例えば、バリアフリーで必要となる手すりの天板を幅広の木材とすることで、体を支える手すりとしてだけでなく、対面の店舗の角打ちカウンターとして、古本市の本棚として、その時々で役割を変えるつくりとしている。

深夜のセキュリティは、運営との協議を経て出入口の両脇に生えている木と木をつなぐロープによって心理的な境界をつくるのみとした。物理的境界による夜間のセキュリティ強化をせずとも、住民が窓に明かりを灯し、洗濯や食事のために敷地内を行き来することが、警備員のパトロール以上の防犯効果をもたらす。

不要な線を消すように、必要な線に複数の意味をもたせるように境界部を取り扱うことで、領域を囲わず、周辺に滲ませることができる。そうした場所は入って行きやすく、多様な人びとの活動を呼び込む下地をつくることにつながる。

本棚として使われる手すり

建物と外部のセッティング

ひとつの敷地にまとめて大きくつくる方が経済的には効率的だが、「ボーナストラック」では小さな6つの建物の集合として考えることにした。要求面積に対して余裕のある敷地につくることと、建蔽率ギリギリでつくることを比較すると、前者の方が斜線制限や延焼ラインを避けやすく計画しやすい。敷地を分けることは制限を生むが、検討を進めてみると、敷地分割の仕方次第で必ずしも不自由な建ち方にはならないことに気が付いた。例えば、敷地の分割数が増えると1敷地あたりの面積は小さくなる。敷地面積が小さくなると長屋の住戸数が減る、一定数より住戸数が少ない長屋は法規上の緩和が適用される、一方で延焼ラインや斜線制限にさらされる部分は増える、面積を抑えることは賃料を下げ個人商店やスタートアップ企業の入りやすさにつながる、といったように、パラメーターの関係性が変動する。各種法規、建物の運用、外空間のあり方、周辺とのスケール、などいくつかの条件を行き来した結果、5つの敷地に分割し、合計で大小6つの建物を計画している。

複数棟に分けたことで1棟あたりは小さくなり、外部の面積は広くなる。また必要な機能が分散され、外と中を移動し続けながら使う状況が生じる。SOHO棟は1戸あたり5坪の店舗（1階）と5坪の住居（2階）からなる。5坪の店舗を飲食店として使用する場合、店舗内に厨房設備を設置すると客席はほぼ設けられない。その代わりに外の客席や屋台を置ける場所として広場を活用する計画とした。1区画あたりの面積が小さい分、隣接する中央棟には共用のトイレやワークスペース、ギャラリーを設け、施設全体をサポートする計画とした。

敷地内の倉庫には居住者が使える家電や、広場での活動に必要な資材が置かれる。「ボーナストラック」の使用者は建物と建物、建物と広場を行き来することで、使い勝手を調整しながら店舗を営む。小さいことは制限をつくるが、外空間や他の建物や家具、ものとセットになることで想定外の使い方を呼び込み、未知の人や場所との結び付きを起こりやすくする。

平日の広場はフードコートのように使われている。店舗から切り離されているため長居をしても咎められない、都市的で気軽な雰囲気がある。また、テーブルやイスを利用者が自由に動かして使い方を調整することができる。複数人で使ってもいいし、日陰を求めて移動してもいい。晴れた日にはベンチやアウトドアチェアが雑多に置かれリラックスした風景が広がる。季節や行事に合わせた調節ができるよう、建物外部には庇や看板を後付けできるスチール現しの金物を設け、フックやコンセントを一定間隔で設置した。ハウスと呼ばれるＳＯＨＯの一角には水場とＩＨがあり、その周りを台所道具や冷蔵庫やスツールが囲む。平面の短手は２・73ｍとキッチンと道の距離が近く、掃き出し窓で入り口が開放されているため、ふらっと立ち寄る人も多い。シェアオフィスの会員同士が材料を持ち込んで簡単な料理をつくったり、周辺の植物から飲み物をつくってみたり、近隣の子どもたちと食育のワークショップを開いたり、日々新しい使い方がされている。小さな建物とそれにより生まれた大きな外空間のセッティングは、フードコートがもつ即興性と混ざり合い、商業施設でありながら消費的でない、のびやかな風景をつくる。

広場は道が膨らんだり、分岐した形状とし、島状の庭をところどころ飛び地で設けた。庭があることで、建物の輪郭がぼやけ、なんとなく建物全体がひとまとまりの公園のようにも見える。竣工から数年経った今は植物がいきいきと茂り、敷地が接する区管理道路も、斜向か

官民がそれぞれ提供し合うことで生まれる緑地

敷地内外を横断する仕上げや植栽

奥行きのある手すり

早朝は散歩をする人が行き交う

リースラインのない外空間

屋内と屋外が重なる

改変できる庇

2020年3月の様子

2020年5月の様子

小さな店舗を補う外部空間

アウトドアチェアと木陰がつくる読書スペース

相互に融通し合う敷地境界

「下北線路祭」時の駐車場

「ボーナストラック」平面図 縮尺1:600

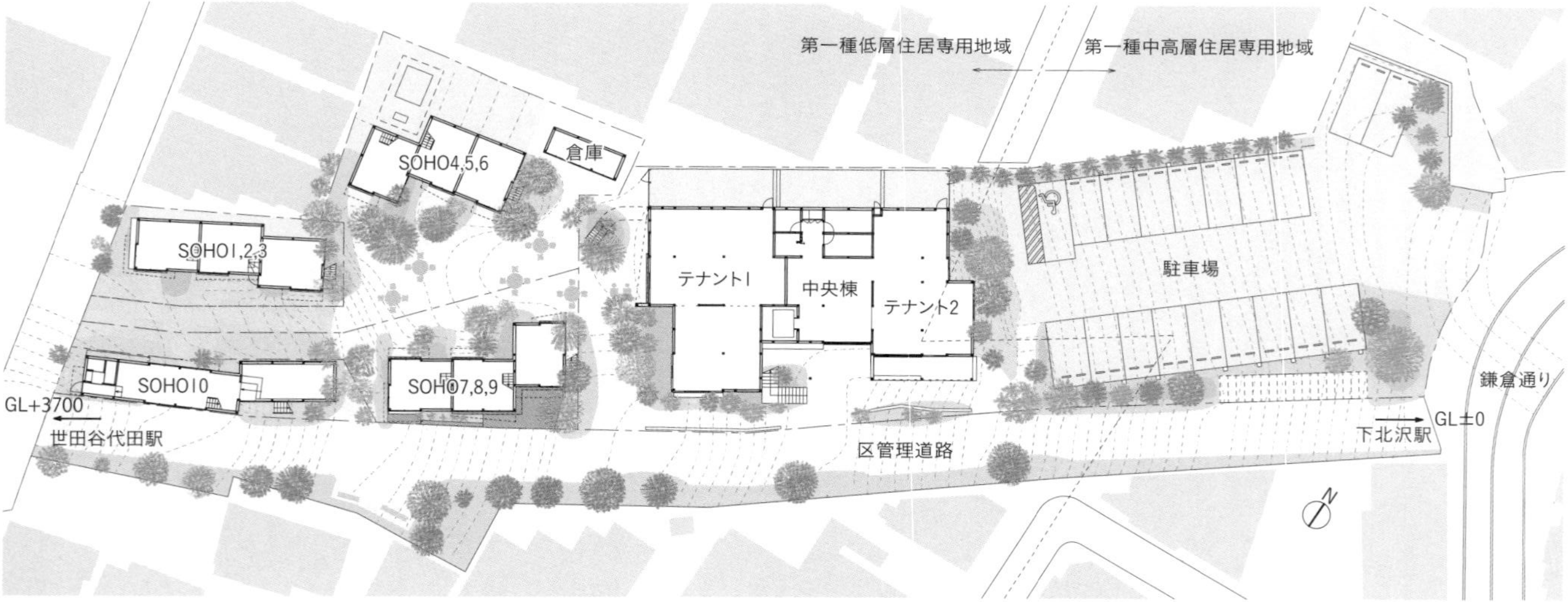

いの公園も、駅前ののはらも含めた大きな都市の原っぱの中に、様々な用途の建物が点在しているようにも見えてきている。行政と民間それぞれの管理を超えて、交ざり合いながら成長する植物、シモキタ園藝部のような領域を横断する役割、線路街の空き地を縫うように遊ぶ子どもたち、小さな建物とそれにより生まれた大きな外空間をきっかけとして、敷地内や敷地外、官民といった分け方で括ることのできない不可分なまとまりがつくられる。暮らす人にとってのプライベートな庭であり、店舗にとっての構えであり、施設全体が共有する広場であり、近辺に暮らす人にとって身近な公園として、行為としての所有が重なる。

時間で変わる「誰のものか」

「ボーナストラック」の外空間は、時間によって使い方が様変わりする。

東側の駐車場は、道路と建物の間にバッファをつくる。かといって、完全に建物と縁を切るのではなく、テナントの窓が駐車場側に向いていたり、ウッドデッキが面していたりする。植栽がぐるりと取り囲み、周囲と連続的なランドスケープをつくる。週末はフードトラックが来て市場を、寒くなってくると大きなテントで覆いをつくりビールフェスを行うなど、定期的に駐車以外の使い方もされている。その活動は単なるパーキングの商用利用という枠を超える。正月の餅つき大会や、夏祭りの手持ち花火会場など、これまで近所の公園や家の縁側で当たり前に行われてきたにもかかわらず、気が付けば簡単にできなくなってしまったことをできる場所として開放されている。駐車場は車を停めるための場所だが、車がなくなればそこは道路面に接続した広くて平らなスペースである。建築は簡単に動かせないけれど車は動かせる。動かす先もたくさんある。そう考えると、商業施設は常に、なにかに使える空き地を隣接させていることになる。西側の車の入らない広場はさらに変化が流動的だ。一般的に店舗と店舗の間にはリースラインと呼ばれる境界線が引かれるが、ここではリースラインをなくしたことで、季節や天気、時間に応じて領域に捉われない使い方が見られる。

『所有と分配の人類学』ではエチオピアのトウモロコシ農地における多面的な利用のされ方が述べられている。まず、トウモロコシの栽培期間においては、作物であるトウモロコシが重要なリソース（資源）になる。期間中、土地は個人や世帯によって独占的に利用される。トウモロコシ収穫後の畑は牛の共同放牧地になる。ここでは放牧できる土地の広さと餌となる牧草がリソースとなる。放牧地は村全体で利用され、誰もが放牧できる。ここから季節の変化や利用者の立場によって、その土地のリソースが変動することがわかる。

そう考えると、駐車場や広場といった都市の中の屋外には様々なリソースが蓄えられており、人やものがつながり合う接点に見えてくる。広場を例とすると、店舗に面した半屋外部は各テナントにとっての屋外席として、建物周りの植物はシモキタ園藝部の活動源に、行き止まりのない通路は愛犬との散歩コースとして、2階部分の外壁はアーティストにとっての展示壁に、リースラインのない広場は施設全体をつなげるお祭り会場として、時間と共に変化する。

さらに、明らかな境界が設定されないことで、テナント間に協力体制ができ、交渉や調整の枠組みが生まれている。「誰のものかを決める」のではなく、「誰がどのように使うか」をその時々に応じて変えていける仕組みがあることは、各々が自分の視点で都市を考えるきっかけにつながる。誰のものかを決める仕組みをなくすことで生まれた外空間は、誰のものでもないからこ

夏祭りの様子

そ様々な人の活動が重なり合う。こうした状態はタイムシェアとも呼べるかもしれないが、やや異なるのは、リソースの多様な解釈自体に重きが置かれている点である。都市の使い方は誰かによって決められたものではなく、自分たちの手によって変えていくことができる。都市を自分事として扱う感覚が地域の中に根付くことは、これからの屋外空間のあり方を根本から変えていく可能性を秘めている。

所有で分断された状況を乗り越えるために

かつて「庭」は人びとが共同でなにかの作業や生産、あるいは芸を行う場所を意味していた。ものが集まる「市庭」、共同で農作業をする「稲庭」など、様々な「庭」が存在しており、それらはあちこち遍歴する人びとの活動の場になっていたという[3]。古民家の平面図に残る「ニハ」という言葉は、家の中の土間や家の外の共同作業場を指し、こちらも用途が定まらない使い方がされていた。「行為としての所有」によってつくられる場は、そうしたゆるやかな活動の場としての「庭」の響きに近い。

誰かのものを皆で使うことが、所有で分断された状況を乗り越えることにつながる。公開空地が開かれたスペースであるにもかかわらずうまくいっていないように見えるのは、人びとの活動も、活動を誘発するつくりもないからである。熊野古道や家開きは誰かの所有物ではあるが、道や土間を媒介として皆で使うことによって、複数の人の居場所として感じられる多層的な状態がある。

3 『増補 無縁・公界・楽——日本中世の自由と平和』網野善彦、平凡社、1996年

重要なのは行為としての所有をいかにかたちづくるかである。その時設計者ができることは、未知の人や場所との結び付きが起こりやすくなるような、「ふたしかさ」を許容する場を計画に取り込むことではないか。例えば、境界線の調整や、建物と外部のセッティングによって、誰のものでもないような状態をつくること、誰のものかの範疇がリソースと時間によって変動する計画などである。そうした実践は計画性が緩められた状況をつくり、新たな使われ方をつないでいく。それにより具体的な人びとの行為が先行し、その場所にふさわしい新たな所有のかたちがつくられていくようになる。

その時、もはや私的に所有されているかどうかは関係がなくなる。行為としての所有を前提として考えることで、公開空地や街中の道や住宅といった、個人や企業あるいは行政によって排他的に専有されているように見える場所であっても、いきいきとした活動が重なる庭に変えていけるのではないだろうか。

参考文献

『内山節著作集９　時間についての十二章』内山節、農山漁村文化協会、２０１５年
『アナザーユートピア——「オープンスペース」から都市を考える』槇文彦、真壁智治＝編著、ＮＴＴ出版、２０１９年
『手づくりのアジール——「土着の知」が生まれるところ』青木真兵、晶文社、２０２１年
『つながりの作法——同じでもなく 違うでもなく』綾屋紗月、熊谷晋一郎＝著、ＮＨＫ出版、２０１０年
『建物のあいだのアクティビティ』ヤン・ゲール、鹿島出版会、２０１１年
『動いている庭』ジル・クレマン、みすず書房、２０１５年
『所有と分配の人類学——エチオピア農村社会から私的所有を問う』松村圭一郎、筑摩書房、２０２３年

対談

小川さやか×ツバメアーキテクツ

現代の長屋を成立させる条件のデザイン

小川さやかさんは、タンザニアの路上商人の商慣行や香港在住のアフリカ人によるインフォーマルな交易の仕組みなどを研究してきた文化人類学者。商いや活動を介した人間や場所の関係について示唆に富んだ著作をたくさん書かれている。「ボーナストラック」では街の状況を取り込んだ建築やルールのデザインをしている。つまりインフォーマルな事物との距離感がテーマになっているといってもいいだろう。我々がプロジェクトを通して考えたことや、事後的に日々現地で起きていることの意味を議論するための対談者として真っ先に思い浮かんだのが小川さやかさんである。

——山道拓人

風通しのよいコミュニティづくりはいかに可能か

山道　一通り「ボーナストラック」の建築群を小川さんにも見ていただいたところで、議論に入っていきたいと思います。まずはご覧になってのご感想からお伺いできればと思います。

小川　色々お聞きしたいことがあるのですが、聞いてもいいでしょうか。「ボーナストラック」の住民同士は、結構交流があって仲がいいんですか。それとも商売敵だったりするんですか。

山道　月に一度、テナントの店長が集まる店長会が開かれています。形式的な連絡会ではなく、ここではお互いが抱えている悩みや問題点を議論しているようです。自治会的な雰囲気があって、テナント同士が協力関係にある感じだと思います。施設の健康診断のような感じですね。

西川　広場を相互に使えるスペースとして設計しています。一般的には商業施設の場合、リースラインという各テナントの領域を決める境界線を引きますが、それを設けていません。そのためお互いに協力し合わないとうまく使えないとも言えます。通常時は施設全体のフードコート的に使われていますが、時にはひとつのテナントが広場全体を使ってイベントをしたりもします。日常的なコミュニケーションを通じてそういうことが融通しやすい関係性がつくられているように感じます。

小川　比較的家賃が安いこともあり、スタートアップ企業が複数入居しているのが印象的でした。若くチャレンジ精神のある人が入ってきて、ここで経験を積み街中に移る循環が生まれているのは面白いですね。人びとを受け入れて、一時期定住させ、そしてどこかに送り出していく、中継地のような役割をもっている。定住しつつ商いもしているという意味では昔の長屋にも近いですが、ここにはある種のかりそめ感があって、それもいいのだと思います。郊外では長く住み着いてしまって30年同じ喫茶店を経営するなど、テナントが定着してしまいますが、それよりは少し回転が速い。その関係がお互いに協力し合う、風通しのよさの秘訣なのかなと思いました。

山道　世田谷区には数万軒の空き家があります。空き家といっても地方都市の空き家のメカニズムとは少し違うとは思います。使われていない大きな屋敷をそのまま賃貸に出そうとしても賃料が高く借りる人がいないとか、地主がリノベーションに馴染みがなく他の用途に活用するという発想がないとか。「ボーナストラック」は新築ですが、木造に手が加えられて、職住が混ざり合うとこんなに豊かになるんだと、空き家の所有者にも響くと思います。実際に「ボーナストラック」を管理している不動産チーム、おむすび不動産が仲介したリノベーションのプロジェクトが街中にできるなど、かりそめ感が住宅街にも伝播していく動きは続いています。

小川　それは面白いですね。私は常々、都市に空き地ができて疎密が生まれる状況も許容していくといいのではないかと思っていて。どこからか人がやってきてまたどこかへ行く場所を、都市が自ら循環し呼吸するための空気孔として捉えるとよいのではないかなと。そのためにはかりそめの場所も必要になりますよね。アフリカの長屋に滞在していて思うのは、一応そこに住んではいても、本当に限界がきたらどこかに行けばいいと思える、そのかりそめ感が空間をシェアしたり、なにか物事を一緒に進めていく原動力になるということです。「ボーナストラック」には比較的若い人たちが入居しているのでしょうか。

千葉　30代40代の人が多いと思います。散歩社という、元々下北沢でお店をやっていた人などが中心となって立ち上げた運営会社があります。全体を一括で借り上げて、それを又貸しするかたちにしています。その人たちが、この場所に合いそうな人たちを入居希望者から選定して、成長すると出て行きまた別の人を呼ぶ。それによって比較的長くいる人と循環して変わっていく人の両方がいる。そういうバランスになっていくと思います。

小川　そのバランスもいいのでしょうね。新参者ばかりだと繁華街のようになってしまいますよね。

千葉　皆絶対にそこでだけで暮らさないといけないというわけではなく、他に本業があった上でここでもお店をやっていたり、二拠点居住をしている人もいます。

小川　店長会というのは、商店街の商店組合とマンションの自治会の間のような集まりなのでしょうか。

山道　そうですね。大家が大家業だけをやっているのではなく、お店もやっているプレイヤー的側面であったり、時たま店舗の2階に住んでいる地元住民的側面であったり、イベントを開催している活動家的側面であったり、色々な顔をもつ分人的大家といえます。そうした人たちがプロジェクトをリードすると、サービスを提供する側／される側とか、権利を主張する側／される側という区別がなくなっていき、なめらかに物事が進みます。小田急電鉄の方々も、下北沢に関わる部署の人は自然体な人が多いですね。そのバランスというか人格をスイッチしていく生き方に可能性があるように思います。

小川　色々な顔をもって人と付き合うことができるとうまくいく関係はありますよね。私が住んでいるのは京都西陣の中心部で、昔からの京都の人付き合いが残っている場所なんです。その上三世代住まないと京都人として認められないというような不文律もあり、なにか不手際を起こすとすぐに噂も広まるような地域です。私が住民としての顔だけで付き合っていることもその一因なのだろうと思います。一方で、そのような場所で仕事と居住が一緒だと、逃げ場がなくなってしまう問題もありますよね。そうすると、いかにそこにコミュニティをつくるかだけでなく、いかに風通しをよくするかということが、重要な点になるのだろうと思います。複数の顔で付き合えるということに加えてなにが必要ですかね。

西川　なにかあった時にすぐ、今までの決まりを変えていけるというゆるさは風通しのよさにつながりそうです。ここは、線路だった場所が商店街になったので、周囲にとっても環境がガラリと変わっています。毎週末イベントを開いていますが、当初はコロナ禍ということもあり、音量の調整ひとつにしても近隣との調整が必要でした。回を重ねる度に改善を進め、適度な広場の使い方が近隣住民の方と共有されています。このことからも降ってきたルールを守るのではなく自らルールをつくり、状況を変えていけるという考え方を皆がもっているように思います。

小川　自分たちで築いてきた連帯、自治の精神があるわけですね。

山道　駐車場で、持参した花火なら遊んでいい日を設けたりもしています。近隣の了解を得た上、かつその人たちも使える枠組みによる取り組みを意識的に行っています。「ボーナストラック」の中に閉じてしまうとコミュニティとしては狭いので、地域と交ざり合っていく仕掛けが面白いです。

小川　なるほど、地域と関わることによってコミュニティが開かれていくわけですね。

西川　地域と協力したお祭りであったり、線路街全体で植栽をメンテナンスする園藝部の活動であったり、犬や子どもが入ってきやすいランドスケープだったり、多様な主体が入り込む環境が積み重なっていて、それも風通しのよさにつながっているかもしれません。

小川　地域の人たちが訪れる公共空間として「ボーナストラック」自体の関係性が外に広がるから、それほど行き詰まっていかないわけですね。なるほど、いや、面白いですね。

山道　僕らも今、事務所の1階でドーナツ屋（p.081）とギャラリーをやっていまして。

小川　生計を多様化させているわけですね。

山道　多様性を自分の中で抱えることが、建築家としてはどういうことなのだろうと考えると、お店のことを考えるモードと建築のことを考えるモードでは、タイムスケールが変わっていると感じています。お店のことを考えると日々のリズムになるのですが、建築家としては歴史的なタイムスケールで考えていたりします。市民の側から、建築家として発信しているものを見て本当に意味があるのかと自分で批評する。その逆も然りですが、分人的な状態は、批評のエンジンになるのかなと思っています。

小川　よくわかります。「ボーナストラック」のように本格的にお店をやるわけでなくても、タンザニアではキオスクをやる人が多くいます。長屋の正面に居住する人たちはキオスクなどの小さな商店を構え、その裏側に居住しているのですが、すごく楽しそうに見えます。ある仕事をしているとどうしてもその仕事だけに埋没してしまうところ、商いがあれば本業がうまくいかない時にしばらく休むこともできますし。商いに限定しなくとも、家の中になにかそういう世界とつながる小さな窓みたいなものがあるといいですよね。一見忙しそうにも思えますが、どちらかを儲からなくてもいいからやっておく精神で「ながら商売」のようにすればできますよね。今の日本はあまりにも閉ざされてしまっていると思いますが、その状況を変えていくきっかけにはなるのではないでしょうか。ドーナツ屋を構えておくことで、建築家としての山道さんにいきなり「相談がある」とは言いにくいですが、ドーナツを売っている時であれば気軽な話から入っていける側面もありますね。

山道　実は建築もやっているんですが、という感じで（笑）。

小川　小商いは、近隣の人びとと最も気軽に接することのできる仕事なのだと思います。

主体性を育む、手を入れ続ける建築

小川　本文の中ですごく面白いなと思ったのが、そもそもこの建物自体が、草木だけじゃなく建物のメンテナンスも前提につくられているというお話でした。草が光の方向に伸びて行く、植物の走光性のように、人間にもなんとなく薄暗いところに引き寄せられる人がいたり、オープンなところに引き寄せられる人がいたり、隙間に溜まりたくなる人がいたりといった習性がありますよね。別に強い意思で選択しているわけではなく、なんとなくの習慣のようなものがしばらく経つと顕在化してくる。せっかく広いスペースを設けたにもかかわらず隅の方ばかりが使われているというようなことが起こるとか。そういう人の心の動きを見つつ、実際に使われている状況に合わせながらメンテナンスをしていくのは面白いなと思います。

山道　今の下北沢のオリジンが、駅前の闇市から始まったとすると、古着、音楽、演劇、詩……といった文化の先に、ここ最近の計画は第三、四世代の現象として位置付けられると思います。街に元々ある人や建物、設えのふるまいを、僕らも観察してルールを考えています。ルールというのはつくっては破られて、と更新されていくわけですが、下北沢はその許容度が高いということなのかもしれません。歴史が短いことも功を奏しているでしょうか。とにかく人や植物の動きに合わせて建築もメンテナンスしていけるとすごく柔軟で弾力があるものになると思います。あとはあえて修理しやすいような素材を使い一般的には隠す部材を剥き出しにしておく、といった考え方も重要だと思っています。

小川　自分たちで柔軟にメンテナンスできることは大切ですよね。アフリカには様々な機関が支援のために現地に来ています。しかし高度な知識や技術を要する機材や機械を導入してしまうため、開発支援の期間中はいいのですがそれ以降は誰にもメンテナンスができず、3年くらいで荒廃してしまう、といったことが多々起こっています。そうした状況を鑑みると、高度な知識や技術がなくともメンテナンスできる機材を選ぶ方が持続的なのではないかと思います。メンテナンスをしていく前提で考えると、初めから完璧なものを求めずに試しにやってみる精神で始められていいと思います。

千葉　建物もサービスとしての目線で捉えられると、完璧な状態をつくることが求められます。なるべく手の掛からないメンテナンスフリーで使っていけるものですね。そうしたフォーマルな状態を要請する社会に対して、完璧じゃなくてもいい状態、関わりしろのある建築をつくりつつ、メンテナンスを実践できる人びとを生み出していくのが重要だと思っています。サービスに慣れてしまった私たちは、自分で暮らしをつくっていく力自体が衰えてしまっていると思いますから。

山道　メンテナンスフリー、魔法の言葉ですね。建築においては成立しないと思います。

千葉　アフリカではフォーマルなものがトップダウンで導入される一方で、小川さんがご著書で描かれているようなボトムアップ的でインフォーマルな活動が起こっている。こうしたギャップは建築や街の景色にも現れていそうです。

小川　そうですね。昔『まなざしのデザイン』（ハナムラチカヒロ＝著、NTT出版、2017年）という刺激的な本を読んで、建築は意外と怖いものなのだなと思いました。もちろん人間の眼差しをデザインすることができることは、人間にとって自然な活動をあらかじめ組み込むことができるという意味ではいいことですよね。でも、悪意のある建築家が人間を物理的な操作で変えてしまおうと考えたらできてしまう。世界の見方も、変えることができるわけじゃないですか。例えば整理されていない状態が普通であれば分類や整理にあまり気を遣わないのに、フォーマルで整った空間にいると、少しものが散乱しているとすぐに片付けたくなる、といったことが起こる。それをあまりやりすぎると、環境に全て規定されてしまうというか、誰かにコントロールされているような感覚になっていってしまうのではないでしょうか。そう考えると、「ボーナストラック」の折衷的なやり方はいいなと思いました。

山道　そうですね。日本だと戦後の住宅不足の時代に、核家族というフォーマットを決めて、団地の間取りが類型化して広まっていきました。その結果、70～80年代には今小川さんが仰ったような、人間とはこうやって生きるものだという生きる条件が強く設定されたのだと思います。しかしそのような暮らしをする人が実際には半数にも満たない状況になってくると、かつて町家や長屋にあった融通の効く住まい方をバージョンアップさせていく方が、むしろ自然なのだろうとは感じます。設計という行為は、ゴールを一旦決めた上で、そのゴールに至る様々な想定をクライアントや地域の人と共有していかなくてはならないのですが、震災やコロナ禍を経験すると、その想定がただの仮設定にすぎないということを痛感します。設計者として、不確実性の真っ只中で建築を設計するのは題と解を両方考えるようなものですね。

小川　不確実性の高い時代では、まずはプロトタイプを走らせつつ、可逆的に戻って変更していくことができるプロジェクトにした方が生き延びやすいということですよね。不確実性が高まるということは計画が当たる確率が下がっていくということなので、計画を立てるコストが高まっていくということですからね。

山道　建築はできてしまうと空間的な力をある種の制限としてもってしまいます。僕らとしてはそこを使う人がどうしたら自主的にふるまえるようになるかを考えていきたい。自分で変えていけるようにつくることが、その方法のひとつかなと思っています。半分はつくっておいて、残りの半分は自分たちでつくり続けてもらう、といったあり方です。

気楽さを生む、長屋の距離感

小川　「ボーナストラック」では庭にも境界をつくっていないですよね。どこまでが敷地なのかわからない。私が使っているタンザニアの長屋は、コの字形の真ん中に中庭があり、個人の軒先ではあるけれど周りとつながっているため共用のようになっていて、皆で炊事をしたり、ゴザを敷いておしゃべりをしたりする場所になっています。家の中にこもっていると、病気なのではないかとか、なにかよからぬことを考えているのではないかとか、そういう目で見られます。隣の長屋に行く時には皆裏門から他人の家の中庭を通って行くので絶対に家の鍵を締めません。鍵を締めると家に誰もいないことが明確になってしまい泥棒に遭うので。そういう長屋ならではの秩序が成り立っています。

西川　なるほど、半開きのような状態にすることで生活が安定しているのは面白いですね。ここのＳＯＨＯはワンフロアの面積が15㎡と、あえて建物を小さくつくっています。１軒では充分な機能が揃っているとはいえないけれど、別棟の共用部にシェアオフィスやギャラリー、共用のトイレを設けています。ある意味不便なのですが、そうすると日常の中で細かな移動が起こるんです。外に出て行かないと活動が成立しないので建物間の行き来が発生し、ちょっとしたコミュニケーションや、想定外の出会いにつながる。そういったゆるいつながりがセキュリティも兼ねています。

小川　日本の道も昔は庭と道路の境が曖昧だったものがいつの間にか道路として独立して、庭と分けられていきましたよね。それをもう一度一緒にすることで行き交う人が偶然出会う場所になっていくわけですね。

西川　ここでは、建物は分棟にし、街路や庭は一体でつくりました。それによって賃貸借契約上の所有と実感としての自分の領域にズレが起きている。決まった使い方がないところに、住民やテナント自身の様々な試行錯誤が積み重なり、今では彼らの自由で柔軟な使い方から私たちが学んでいます。下北沢に元々あったメンタリティも大きいのかもしれませんが、たくましく使ってもらえていることをうれしく感じます。

小川　面白いですね、元々あったメンタリティですか。日本では孤独に生活している人たちも増えているし、長屋みたいな場所ができたらいいのにとずっと思っていました。個人のプライバシーを優先する暮らしに慣れすぎてしまった人がもう一度そういう関係性を築くには、この距離感くらいがちょうどよいのだと思います。

山道　そうですね、物理的な距離感というより、お店や仕事を間に挟んで並んでいることが重要なのかもしれませんね。仕事として連携はするけど私生活には干渉しすぎないという距離感であれば、今の時代でも受け入れられそうです。

千葉　昔のいわゆる長屋暮らしほど近い距離のものとも違う、別のバランスの長屋をつくらないといけないのでしょうね。

西川　タンザニアの長屋暮らしは、日本とは他者との距離感が異なる印象を受けるのですが、距離の近さによって窮屈さを感じたりすることはないのでしょうか？

小川　基本的に家賃も安いので、ちょっとした仲違いですぐどこかへいなくなってしまうんです。ただ、かりそめではあるものの生活空間は共有しているので、ゆるい疑似家族のような関係も築かれます。例えば、仕事のない日に中庭でゴザを敷いて寝転がろうとしたら、隣のおばさんが赤ちゃんを勝手に私の膝の上に置いたまま30分経っても1時間経っても帰ってこないというようなことが当たり前にあります。代わりに私も近所の子どもたちにお使いを頼んだりします。そういう環境なので子どももどんどん生まれて。

家事や育児の負担や悩みを自然に分かち合う、ある種の気楽さはありますね。反抗期の少年とかにも近所の人が一緒に親と闘ってくれたりするんですよ。

西川　面白いですね。かりそめなんだけど、家族みたいな距離の近さ……。日本だと生活にまつわることは家庭の中で解決しないといけないプレッシャーを感じますが、そういったこともなさそうです。

小川　それから養育に対する考え方もユニークです。一夫多妻もあるし多産社会なので、親族の数も膨大。その親族が色んなところに住んでいます。例えば息子が都会で悪い仲間に感化されてヤンキーになってしまったら、悪い仲間と縁を切らせるべく田舎の親族のところにしばらく預ける、代わりに田舎でいじめられて引き篭もっている子どもを都会で預かる、といったやり取りが行われていたりします。今の日本人からすると驚くことですが、日本でもお互いにそれぞれの家族の色々な側面を負担していた時代があったのでしょうね。もちろん、長屋の間でも子どもの預け合いはあります。ある女性がよく子どもを叩いていたら、近所の女性たちが「あなたちょっと疲れているから、しばらく子どもは預かるわ」と引き受けたりします。

山道　玄関のつくりが筒抜けだと、なにか問題が起きたら近所の人がすぐに察知して気を回してくれるだろうという安心感がどこかにあるような気がします。建物のつくりによるところもありそうですね。

小川　部屋自体がつながっているので、違う世帯に子どもを預けているというより、家の中の違う部屋に一旦置いておく感覚に近いのだろうと思います。

山道　日本の昔の長屋も、庭を囲み、共有しながら暮らす距離感が、お互いに子どもを預けたりもできる安心感につながっていたのでしょうね。

輪郭を与え、人びとに行動を促すルールのデザイン

山道　小川さんの著書の中で、路上商人たちが商売をしていた場所が公営化された時に、賃料がとても高くなって

しまったので商人同士で分割して使うようになった話が出てきましたね。資本のある人が借りて、路上商人たちに貸すという流れで。そうすると壁ごとに借りる人が違い、壁ごとに違うお店になると。最初にそのやり方に気付くような、鼻が利く人がいるのでしょうか。

小川　どうでしょう、偶然なのではないかとは思います。自制的なルールや秩序がどう生まれていくのかということですよね。本文でも言及されている（p.172）弁護士の水野祐さんとお話しした際にも、人びとがつくっているささいなルールをいかに取り出していくのかが重要だと思いました。『実践　日々のアナキズム』（岩波書店、２０１７年）の著者、ジェームズ・C・スコットの、上からルールを課さなくても人間は自制的な秩序をつくってやっていける、という考え方には共感できる部分もありますよね。ルールが私たちの普段の行動を過剰に縛って、創造性や社会関係を制約する一方で、人間は自制的にルールをつくりもする。あの本に出てくる、巡行タクシーの運転手がストライキとしてスピード制限を守ることでかえって交通網を麻痺させる話は、字義通りにルールを守ったら立ち行かなくなることを示していますが、代わりにタクシーの運転手たちは、色々なサインを送り合って自分たちで秩序をつくっている。タンザニアでも10種類ほどのサインを駆使して、警察官がどの区間に隠れている、というような合図をすれ違う時に送っているのを見ます。そうすると即座にスピードを落として走るようになるとか、迂回するとか、会ったこともない、ただすれ違うだけの人たちが、警察からの摘発を逃れるために教え合っています。どうすれば一線を守るためのルールをつくっていく力を伸ばしていけるか、人びとが普段使っている融通の効くルールを可視化して、硬直したルールにならないように定めていけるか。それが重要ですよね。

山道　建築の場合、都心部の建物には通常、管理会社が関わっています。管理という言葉が、使用者を取り締まるようなふるまいを引き寄せてしまうな、というのは思います。一方で、面白いなと思う施設は、〝管理〟ではなく〝運営〟という言葉を使っている印象があります。建築の現場では、運営と管理の視点が混在していて、数字を見る人は管理目線で人員配置を考える一方で、現場にいる人は運営目線でテナント側の要望を踏まえて企画がうまく運ぶように考えるわけですが、そこがずっとすれ違っている施設からはどんどん人が離れていってしまいます。

西川　硬直したルールではなく、慣習的にルールをつくっていける仕組みがあるとよいのかもしれません。内装監理にも通じる話で、一般的な内装監理指針書では禁止事項があげられるのですが、「ボーナストラック」では可能なことを書いていく指針書にしました。各テナントの内装設計者向けに説明会を開き、各々がやりたいことを施設のルールの中でどうすれば実現できるかを話し合います。先回りして予防線を張るような考え方をやめ、まずはやってみてうまくいかなかったらどうするか考える方針です。今でもテナントの入れ替わりや既存の内装に変更がある度に指針書を見直し続けているので、とりまとめに時間は掛かりますが、皆が自分事としてルールを考える土壌があるのはいいなと思います。

小川　わかります。管理と似た言葉で監査もそうだと思いますが、評価することを前提にした監査文化が蔓延していますよね。他人の行動に対して、私と違っていて面白いという視点ではなく、良し悪しを評価するようになってしまっています。それは結構危険なことで、誰かのパフォーマンスに対して点数を付けて評価する視点で見てしまっているわけです。でも、本来人間との付き合いはある一時点の評価で決まるわけではなく失敗しては改善する、を繰り返してうまくやっていくものでしょう。ルールがないと怖い人たちは、自分の行為が常に評価されているように感じてしまうのだと思います。だからどこまでなら怒られないのかを正確に知りたくなるのだと思います。

山道　法律を扱った『リーガル・ラディカリズム』(有斐閣、2023年）という本は、ルールの破り方という刺激的な章から始まります。私の理解では、ルールには2種類あり、ひとつは暫定的に設定したもの、もうひとつは合理的に物事を収めるためのもの。道路の速度制限は前者で、50キロの制限は50という数字自体には意味がなく、49でも51でも構わないが50キロと決めている、ということです。後者の場合は、例えばあるひとつの部屋を使う人数で割って机の広さを決めるといった、計算から生まれるルールです。これを破ると場が腐敗していき、誰かが机を広げようとすると他にも主張する人が出てきてしまう。

小川　場が荒れてしまってコモンズの悲劇が起きますよね。

山道　そうです。前者の場合は解釈の仕方が面白ければ、そのケースにおいては制限が緩和され、その解釈が公開されて誰でもその条件内ではルールを破ることが推奨されて新しいルールになっていく。「ボーナストラック」では、庇や壁を改造していいというルールを決める際に、使用していい素材を何種類か決めたのですが、4年ほどが経ちそこから逸脱するアイディアも出てきています。違法でなければそれもOKとすると、新しいお店ができるごとに未来の入居者にとっての選択肢が増えていく、そういう現象が起こっています。ルールが育ち、建築も育つ。

小川　そうですね。そもそも人間って完全にフリーダムな環境では全然動けないじゃないですか。哲学者の千葉雅也さんが度々言及することですが、仮の輪郭や有限性をつくっておくと、途端に人びとはなにかを始めるということがありますよね。例えば私も原稿を書く時に、何枚書いてもいいと言われると戸惑ってしまいます。1万字でも2万字でもいいから具体的に指定される方が書きやすい。ツイッターの140文字という制約も、140という数字自体に意味はないわけですが、無意味だからこそ楽しくて、140文字の細切れの思考を繰り返すことによって、自分の意見を発信することに抵抗がなくなっていくわけですよね。昔は全世界に向けた意見の公開は、知識人による社説のような発信が一般的だったのに。そのような、人にアクセルを踏ませる輪郭と、そのルールの中での自由が両立している状態が最も気持ちいいのだと思います。

千葉　なるほど、それは面白い考え方ですね。先ほどのお話にあったタクシー運転手の合図のように、自然発生的に生まれるルールに面白さを感じる一方で、僕らがやっている建築の設計や内装監理の指針書をつくる行為は仮であっても一旦、トップダウン的にルールを与えてしまう行為です。そのギャップをどう考えるべきか迷いがありましたが、建築をつくることを、初期設定として仮の輪郭を与える行為だと思えばいいのかもしれませんね。

小川　そう、仮の輪郭を皆に提供して、さあここでゲームしよう、というようなことです。どういう輪郭をつくるかによってそこで起こることは全く変わりますからね。ツイッターの文字数制限がもし５００文字だったら、世界は全然違っていたと思います。もっと鬱陶しいことがたくさん起こっていますよ。１４０文字だから読み違いや言葉不足を考慮する余地が残っていますが、５００文字だと全て言い切った上で衝突する事態は起こっていたと思います。

西川　仮の輪郭が人にアクセルを踏ませるものになり得ているかは重要ですね。

小川　「ボーナストラック」も、世界に輪郭を与えていると思います。

誰もが居場所を見付けられる多様な世界

山道　クライアントがいて、予算が付いて、計画して建てるという流れの中で、どうしても産業主義社会と付き合っていかなくてはならない宿命が建築にはあります。再開発タワーなどの巨大資本による開発を概念的に批判したとしても、いや君たちもその枠の中にいるよねという批判もされてしまう。コンヴィヴィアル（自立共生的）な状態ができた、となると、今度はそうした状況を欲している人たちに動員されることも増えてきます。それがある程度は反復するのはいいとしても、そのループに組み込まれてしまうことをどう捉えたらよいかという問題があります。

小川　なるほど、それ自体が産業化されてしまうわけですね。

山道　次の段階として、そういうものとの距離の取り方を考えるフェーズに僕らは今あるような気がしています。産業主義社会との距離をどう考えればいいのか、まだ答えが出ていません。

小川　うまく言えないのですが、例えば研究の一環で実施したリサーチがうまくいった時に、それをパッケージ化して違う場所に展開させていく際に注意すべきこととつながるなとお話を聞いていて思いました。もちろん場所を変えればその場所ならではの要素はあるわけですが、それでも作風やコンセプトが連続していくのはいいとしても、類似したものになってしまうことに対する抵抗感は、私も研究者として考えていることです。でも私、自分が小さい頃は、世界はもっと多様になると思っていたんですよ。SF的な超未来型の人間生活も面白そうだと思う一方で、元山岳部としては、自然に溢れる場所もあってほしいし、長屋みたいな空間も必要だと思いますし。「ボーナストラック」もすごく下北沢にフィットしていますよね。下北沢自体がそういうエネルギーがある場所じゃないですか。そう考えると、世界が多様であればあるほどいいなと思いませんか。私、うまくいかないとすぐ逃げたくなるタイプなので、万が一の場合こういう長屋暮らしをすれば大丈夫だと思えるとか、色々な人生がある分、それぞれに逃げる場所が用意されているといいと思っています。

山道　今、特に東京ではそういう多様性がむしろ失われていく方向にありますね。その中でどうやって多様な場所をつくり続けるかという視点は重要ですね。

小川　多様であることの方が絶対に楽しいですよ。どこかに私に合う場所があると信じることができるので。世界が画一になっていくとそこから自分が排除されたらヤバいと窮屈に感じますが、世界が多様であれば、今目の前にいる人たちとはうまくいっていないけれど、あっちに行ったらうまくいくかもとか思えるじゃないですか。そういう風景と建物をつくってもらえるとうれしいですけどね。

山道　本日はありがとうございました。多様な世界の実現に向けて頑張っていきます。

小川さやか
立命館大学教授／文化人類学者
1978年愛知県生まれ。専門は文化人類学、アフリカ研究。京都大学大学院アジア・アフリカ地域研究研究科博士課程指導認定退学。博士（地域研究）。日本学術振興会特別研究員、国立民族学博物館研究戦略センター機関研究員、同センター助教、立命館大学大学院先端総合学術研究科准教授を経て、現在、同研究科教授。著書に、『都市を生きぬくための狡知』（世界思想社、2011年）、『「その日暮らし」の人類学』（光文社新書、2016年）、『チョンキンマンションのボスは知っている』（春秋社、2019年）がある。

第五章　生きることを支える家

——西川日満里

リスクかセーフティネットか

日本では65歳以上の高齢者のうち、5人にひとりが単身世帯で、その数は着実に増えている[1]。コロナ禍以前から社会問題となっていた、単身者の孤独死は二極化したといわれる。周囲とのつながりをもっていた人は早期発見され命を取り留めることができた。コロナをきっかけに家族や親しい人と連絡を密に取り合うようになったからだ。一方、つながりの弱い人は孤立を深め、死後数ヶ月間気付かれないこともあったという。コロナは、日本の抱える「社会的孤立」をより明らかなかたちで浮き彫りにした。パートナーとの死別や失業、病気をきっかけに社会からの孤立が深まったことに加え、近隣住民や福祉事業者といった日常生活におけるささやかな関係もコロナは切断した。ここから浮かび上がる問題は、孤独死そのものではなく、個人や家族が社会から疎外されてしまうしかなかった状況である。

個人や家族が社会から疎外されてしまう状況を生み出したことには、物理的な空間も関与している。社会学者のエリック・クリネンバーグ[2]は、人びとが過ごす場所を工夫することが、社会のつながりや、コミュニティの構築、そして市民参加の機会をつくり、私たちの生き方を決めると述べる。人間の行動に知らず知らずのうちに影響を与える物理的な環境は私たちの生活において欠かせないものであり、物理的な空間のつくり方次第で、そこは孤独な場所にも活動の拠点にもなる。それは空間がリスクにもセーフティネットにもなり得るということだ。

1　令和4年版高齢社会白書 65歳以上の一人暮らしの者の動向調査による。

2　エリック・クリネンバーグ　1970年生まれ、アメリカ出身。都市、文化、メディアを専門とする。

建築計画学は建物種別ごとの施設計画に関する研究から出発し、実践の積み重ねにより発展してきた。機能性と専門性が特化していく中で、現在の複雑で多様な施設体系がつくられた。細分化された機能に空間を対応させていく方法がスタンダードとなり、多くの建物がつくり続けられている。機能の細分化は利用者を切り分け、特定の施設に固定する。住まいにおいては、戦後、住宅をつくることが経済政策の柱として成長の一端を担い、大量供給によって産業化が急速に進んだ。一方で働くこと、福祉、教育は制度的にも空間的にも住宅から切り離されてきた。住宅と施設の切り分けが進むにつれ、人びとは自分と異なる状況の人が見えなくなり、見えないことでお互いに関心をもてない状況が続いている。制度的に利用者が切り離された状況や、今の建築のつくられ方は果たして、セーフティネットとして働くものになっているだろうか。

ツバメアーキテクツではこれまで、集合住宅のラウンジや半屋外部、住宅の一部を劇場にするリノベーション、介護老人保健施設のカーテンウォール改修、住みながら商う商店街、住まいの一部をアトリエや公民館として地域に開く住宅、レジデンス付きのコワーキングスペース、保育園を起点として特別養護老人ホームや近隣高校との境界部を考えるプロジェクトなど、住むことに関連した多様なプロジェクトを手掛けてきた。その多くは、プロジェクト全体から見ると断片的な位置付けであるが、だからこそ使い手に実際に必要とされている空間と施設との間のズレを、問い直すことにつながってきたように思う。施設化による互いに分断された状況とは異なるあり方を、こうした住まい方は模索する。血縁か非血縁か、住宅か施設か、地方か都市か、といった一見固定化された関係をキャンセルし、これまで見えなかった距離のコミュニケーションが現れる場所をつくろうとしている。

小さなケアが集まる共用部──「荻窪家族プロジェクト」

「荻窪家族プロジェクト」は、施主でありプロジェクト代表の瑠璃川正子さん自身の両親の介護経験からスタートした。瑠璃川さん個人が介護に関わる中で感じた違和感に向き合う過程で、ひとつの賃貸共同住宅が設計された。敷地は施主の生家があった場所で、実家を含むいくつかの建物を建て替えた。生家で瑠璃川さんは親4人の介護に関わった。ちょうど介護保険が制度化される前で、1990年代当時の価値観としては、親の介護を子どもがすることは当たり前だったという。介護経験を通じて、家族内であらゆる介護をまかなう負担の大きさを実感する。自分の将来のためにも、地域とのつながりをもつことで高齢者がポジティブに生活できる拠点をつくろうと考えた。個室の大きさは最低限とし、1階に地域の人が集う工房やラウンジ、集会室などの共用スペースをもつ。家族という強いつながりが担ってきた家庭内のケアに対して、他者との弱いつながりを束ねてつくる生活を模索する。10代20代の学生や地域の人びとといった、普段介護の周縁にいる人たちが活動に関わることで、時にケアする側とされる側の役割が入れ替わり、時に一緒になにかに取り組む状況が生まれている。

そのような暮らしを考える上で私たちが取り組んだことはふたつある。ひとつは建築をつくるプロセスだ。一般的な設計業務は基本設計・実施設計・現場監理と進む。私たちが参加したのは、設計者の連健夫さんが実施設計をまとめた後の現場監理からである。建築設計の一般的な業務の流れとしては珍しいタイミングだろう。途中からプロジェクトに参加した私たちの役割は、インテリアの変更を通して、いかにこの場所に関わる人の範囲を広げられるか考えることだった。使い手が増えていくことを考えると、共用部の使い方は限定的でない方がよい。かといって不特定多数を対象にした多目的な場所があればよいというわけではない。初めから用途が定まる場所でないからこそ、使い方を変えていける枠組みと下地となる設えが必要になる。そこで居住者や地域の人びとを対象としたワークショップを実施し、竣工後の建物を自分なりに使っていくためになにがあったらいいか、考えるフェーズをつくることにした。ワークショップ、それらの図面化、施工の過程を含めて「事前リノベーション」と呼んでいる。

災害が起こる前から復興に向けて備えることを「事前復興」と呼ぶ。あらかじめ防災上の弱点や可能性を知り、対策を備えておくことの意味は大きい。加えて、対策を練るプロセスが開かれたものであれば、事前復興の取り組みで培われた協力体制が有事にも生きる。事前リノベーションは名前の通り竣工前に行うリノベーションであるが、そうした予備的な考え方への共感が込められている。

3回のワークショップを通して、場所の使い方を参加者それぞれがイメージし、どのような設えが必要か模型化し具体的に検討した。回数を重ねることで竣工前から建物の使い方について理解する人を地域の中に増やしていく。

ふたつ目はインテリアの設計である。ワークショップからのアイディアをいくつか組み合わせ、実施設計時の仕様と置き換えていくことにした。例えば、ラウンジの壁は石膏ボード仕上げを取り止め、代わりにシナベニヤを横目地が通るように貼っている。ベビーカーや車椅子で気兼ねなく動き回れるということと、ギャラリー時の展示のガイドラインを兼ねた仕上げである。大きな鏡壁は太極拳やヨガといった運動の他に子どもが集まれば遊び場として、普段は庭の明るさを取り込む面として、いくつかの役割が付随する。通常、ワークショップの意見を網羅

2014年3月に工事現場で行われたワークショップ

的にまとめていくと、最大公約数的なものに近付いていきがちだ。ここでは現場が現在進行形で進んでいるという制約から、仕上げや家具のみを変更対象に絞った。仕上げや家具は、実際の空間から具体的にイメージでき誰もが議論のプロセスに参加しやすいエレメントである。結果としてニーズをそのまま拾うでもなく、抽象的なフレキシビリティに寄るでもなく、具体的でありながら使われ方が開かれている状態について考えることにつながったように思う。

個々の設計変更は局所的に行われ一貫したルールをもたないが、共用部3室にそれぞれキャラクターが付与されることで、レジデンス内の多様な活動を後押しする。共用部の活動は徐々に拡大し、「荻窪暮らしの保健室」、毎朝のラジオ体操、地域の飲食店と連携した子どもカフェ、経済的に困窮する人に向けた弁当づくりなど、個人から始まるインフォーマルなケアがプロジェクト化し周辺へと広がっている。他にも今まで家庭内で行われてきたであろう、アプリでお弁当を頼む、不要になった家財の廃棄方法を調べる、生活用品をまとめて買う、といったささやかなケアが、住民同士で互助的に行われる。建物をきっかけに、オーナーを中心とした関係者それぞれの小さなモチベーションが積み重なり、それを支えるかたちで暮らしが展開している。

私自身、育児の様々なフェーズでこの場所を訪れてきた。あったら助かるけれどどこを頼ったらよいのかわからない、そうした名前のないケアに対して相談や実践ができる場所が近くにあることは、地域で生活する安心へとつながっている。

私の領域を街へと拡張するパーゴラ——「リノア北赤羽」

集合住宅のコモンスペースは、公（街）と私（住戸）をゆるやかにつなぐ中間的な領域として位置付けられてきたが、現実にはセキュリティの過剰な高まりなどから、私の領域を公から断絶する役割へと陥ってしまっていることも多い。元社員寮を147世帯が住む分譲住宅へとリノベーションした「リノア北赤羽」では、住戸の延長として使える場所でありながら、川沿いの土手へとつながる地形的な伸びやかさも感じられる場所として、全長49m、高さ4・5mのパーゴラをエントランスの前に設けた。

前面道路と敷地の間にあった擁壁を撤去し、都市的なスケールのパーゴラを設えることで、閉じられがちな集合住宅の共用部に対し地域へ開かれた構えをつくる。構造はスチールの格子梁を3枚のコンクリート壁と華奢なアングルの組み柱が支える。屋根の仕上げは木、簡易なタープ、植栽のためのワイヤーなど、大きな1枚の平面の中に多様な環境が集まる設計とした。足下は道路のアスファルトや内部の仕上げが連続する。道路面から玄関まで550㎜のレベル差を、広場、ベンチ、寄り掛かれる壁など、いくつかの奥行きや高さに振り分け、無関係な人びとが同時に滞在しやすいようにした。階段は折れ曲がった平面形で、どこに腰掛けるかで視界が変わる。線が内側に向く部分では半円形に人が向かい合い、外側に開いた部分に座ると土手への視界が開け、49mの中に幅広い距離感を生む。半屋外のパーゴラは、住戸の所有の有無にかかわらない居場所を街の中につくる。「私」の領域を部屋から街へと拡張し、隣人や風景とのつながりをゆるやかにつくっていく。

街路に参加する部屋――「阿佐ヶ谷の住宅」

「阿佐ヶ谷の住宅」は商店街につながる道沿いにあり、10坪の敷地に建つ3階建ての木造住宅だ。建築が他者と他者の距離を調整するものだとすると、もっとも近い他者が隣り合う住宅こそ複数の選択肢に開かれた距離感をもっていてほしい。そのためここではふたつの実践を行なっている。

まず、床と壁の配置で場をつくること。中央に置かれた吹き抜け階段の両側に、構造でもある2枚の壁と5枚の床を設けた。部屋を仕切る建具はなく、階段からそれぞれの床に直接アクセスする。垂直方向の床のズレと水平方向の壁のズレによりつくられるゆるやかな領域の中に、各々が心地よい場所を見付けていく。滞在は流動的で、同じ場所でも季節やそこに置かれるものが変われば過ごし方も変わってくる。はっきりと部屋が仕切られていないことで、部屋未満の小さなスケールの場所が集まり、ワンルームの中に濃淡のある距離をつくる。

もうひとつは外からアクセスしやすい部屋をつくったことだ。道路際に3坪の小さな部屋を計画した。部屋は道路と玄関の途中にあり、外部の土間がそのまま引き込まれ靴のまま使える。玄関より外側に部屋があることでふらっと立ち寄れる気軽さがある。3坪の平面に対し天井高さは3・1mとやや高めに設定し、道と連続したおおらかなプロポーションをつくる。2箇所に設けられた窓は、北側はショーウィンドウの役割をもたせ、東側は引き違い戸による開放的な出入口とした。この部屋は家の中よりも道路に距離が近く、道行く人の声や、対面の中華料理屋の匂いが入ってくる。2辺が道に面することで、道路に個人の居場所が投げ出されたような雰囲気がある。部屋の使い方は時によって、アトリエ、展示室、子どもの遊び場、仕事場と変化する。玄関より手前にあることで、住宅から逸脱した使われ方を想像しやすくし、家が街に参加するきっかけをつくる。

「リノア北赤羽」のパーゴラにも共通する、家と道の間にあるこれらの場所は、かつての縁側や土間がそうであったように、それ自体があらかじめ明確な目的や機能をもたない。それ故効率性や経済性を重視する社会からは失われてしまうものである。けれど、こうした目的があるようなないような場所があることが、家族や社会とのバランスに選択肢を与え、家を街との接点に変えていくはずだ。

都市的な暮らしと農的な暮らしの間――「虫村《バグソン》」

私たちの暮らしは、個々の意志にかかわらず産業主義的な社会に参加せざるを得ない。気が付けば都市的な原理だけが、社会の原理になってしまっているような感覚がある。今すぐ都市生活から脱却した方がよいという単純な話ではない。けれど、自然環境に対してなんの対策も取らないまま、社会全体の存続を考えることは現実的ではないし、都市的なルールだけでつくられる暮らしに対して、このままずっと生活していけるのだろうかという漠然とした不安は消えない。都市の暮らし、農村の暮らし、とどちらかにはっきりと分かれるのではなく、都市と農村、それぞれの暮らしの良し悪しを自分なりに消化し、それらとどういった距離感でありたいかを考え続けられる状態でありたい。

そう考えた時に、二拠点居住や移住は産業主義的なものと距離を取るための有効な手立てのひとつだろう。反面そうした暮らし方には、土地の取得や管理、既存コミュニティとの関係といったハードルの高さもある。移住における可能性と難しさに向かい合い、都市的な生活との距離のつくり方を模索しているのが、現在、相模原市藤野で進行中の「虫村《バグソン》」プロジェクトである。起業家の中村真広氏により2021年に始動し、現在第一期工事（母屋）まで完了している。

藤野は豊かな自然環境や教育を目的とした移住者の多いエリアである。人口が増え続けている一方で、受け入れ先となる住居は数も質も不足している。自らも移住を検討する中で、住まい先探しの壁に直面した施主は、この地に家主として定住すると共に、移住初期の足掛かりとなる長屋を敷地内につくることにした。ここでの暮らしは、他者との協力体制の中にある。例えば冬場の熱源として必要な薪ひとつとっても、薪組合に入ることで倒木の情報を共有し、協力して運び、分配し、それぞれの庭での薪割りまでつながる。そうした暮らす技術は本来個々で身に着けてきたものだが、虫村ではそうした自給自足的な暮らし方、コミュニケーションも含めて、空間と共にサポートする。

「虫村」全体は母屋、仕事場、三連長屋の三棟からなる（仕事場、長屋は現在計画段階）。道路に近い側に短期滞在者など人の出入りが多い仕事場を、森に近い側に長屋と母屋を配置する。その間に共同の畑や小屋が集まる。斜面に沿って薄く長く建物を並べ風通しよくしつつ、斜面を上がるにつれて徐々にプライバシーが高まる配置とした。村の建物には構造や仕上げ材に地域の素材を用いる。杉板貼りの外壁の定期的な塗装や、三和土《たたき》や縁側の補修、温室や堆肥小屋の制作など敷地内の雑仕事を手分けして行うことにより、生活に必要な技術と人やものとの関わりを身に付ける。

長屋では短期移住者の受け入れを行う。メンバーは数年単位で入れ変わる。2、3年の間に周辺環境を知り、地域との関係を築くことで、退去後にその地で根を張りやすいような下

「阿佐ヶ谷の住宅」（2019年）
2、3 階の住宅部分、階段室両脇に立ち上がる耐力壁がゆるやかに部屋を分節する

「阿佐ヶ谷の住宅」
住宅全体を会場とした展示風景。階段越しに絵画が見える

「阿佐ヶ谷の住宅」 玄関（左）と「部屋」（右）

「阿佐ヶ谷の住宅」 2021年3月に行われた奥誠之さんの個展「小さな部屋に絵画を渡す」の様子

「リノア北赤羽」（2020年）
前面道路と建物の境界に設えたパーゴラ

「リノア北赤羽」
イベント時の風景。パーゴラ下の歩道がステージにもなる

「荻窪家族プロジェクト」(2015年)
ラウンジにはシェア本棚、収納ベンチ、情報共有黒板などワークショップのアイディアが反映される

「荻窪家族プロジェクト」
ワークショップ用の模型

「7つのテーブル」(2016年)
7つに分割でき、バラしたりつなげたり様々な集まり方をつくることができる可動テーブル

フロアや屋内外を横断して使えるキッチン

「8K武蔵境」（2017年）
マーケットが立ち並ぶビルの一角に入る、地域に開かれたキッチン

「8K武蔵境」
調理、陳列、販売が連続的に行われる窓

「虫村第一期工事」(2023年)
北側斜面沿いに建つ母屋。既存擁壁をまたいで屋根が架かる

「虫村」全体配置模型
第一期〜第三期までの計画が進行中

地をつくっていく枠組みだ。場合によって都市部に戻るという判断も、二拠点居住に移行する判断もあるだろう。時間を掛けて、産業主義的な生活とそうではない生活の間を行ったり来たりすることで、都市との距離感を各自が調整し、都市的な暮らしと農的な暮らしの移行段階のバランスを探っていく。

長屋はコンパクトな居住空間に大きな土間と縁側と炉が付いた木造2階建ての建物だ。都市的な居住形式である長屋に農村的な暮らしがハイブリッドしたような集合住宅である。一住戸50～60㎡、個室はなしの小ぶりなつくりとし、各住戸の1階には薪ストーブと土間を設けた。玄関の前に広がる半屋外の共用土間は泥部屋と呼ばれ、収穫した野菜を洗ったり、加工したり、集まって食事をしたりする。住戸内のキッチンは最小限のシステムキッチンを採用し、代わりに屋外には皆で使える水場とファイヤープレイスを設置する予定だ。長屋は使い方次第で、自分だけで生活をすることもできるし、他の家族や地域の人と交流しながら暮らすこともできる。日によって時間帯によって変わっていくそれぞれの暮らしをサポートするような、そんな包容力のあるかたちをスタディ中である。

活動を促すキッチン

住宅や集合住宅の中にあるキッチンは家庭内の反復的な調理を通じて、長期にわたる深い人間関係をつくるものだし、居酒屋のカウンターキッチンは即興的でゆるい人間関係をサポートする。人と人とのコミュニケーションの中心には食事があり、食事に必要な食材や調理器具、水や火や電気といったインフラが備わるキッチンはそうしたコミュニケーションを下支えする存在だ。リモートワークや多拠点居住など、多様な価値観が並存し、コミュニケーションのかたちが揺れ動く今、キッチンの考え方ももっと多様でよいはずだ。

・可動するキッチン

5階建てのオフィス全体で使えるキッチンの依頼があった。通常、給排水やガスのつなぎ込みが必要になることからキッチンは床や壁に固定されている。各階を行き来するために分割可能な可動のキッチンを考えた。具体的には、7つのテーブルがつながりひとつの円になる円弧型のテーブルと、機能ごとに3分割されたキッチンを設計した。円弧型のテーブルは、バラバラに置いてもいいし、線状に長くつなげてもいいし、大きなひとつの円卓として使ってもいい。人数や活動に応じてかたちが変わる。天板をハニカム構造でつくり軽量化した。キッチンはシーンに応じて展開できるよう、シンク、ＩＨ、作業台と役割を分け、各パーツはエレベーターに納まる寸法で決めている。ＩＨは屋内外にコンセントがあるところであれば移動可能、シンクには水用タンクを付属させ、キャンピングカーなどで使われる給水ポンプを採用した。

都市の至るところにはすでにインフラが整備されており、既設インフラを利用することで、可動キッチンの移動範囲は大きく広がる。オフィス内のキッチンが外に飛び出すことで地域の中に働く環境が生まれるかもしれない。オフィスの各階が一時的にカフェやスナックになって、道行く人が入ってきてもいいかもしれない。可動するキッチンは街の至るところで調理を可能にする。それは都市の中で無関係だと思われていた人やものを結び付け、新たなコミュニケーションの交点をつくっていくことなのかもしれない。

・「虫村」の仕事場

「虫村」の仕事場のインフラはできる限り循環可能なものを導入している。ここでは敷地内の自給の結び目としてキッチンを考えた。給水は集水用の5tタンクをキッチンの脇に設け、雨水を濾過して使う。排水は浄化槽を通した上で敷地内に浸透させる。IHや照明のための電気は太陽光と蓄電バッテリーを用いる。コンポストトイレからの排泄物、生ゴミ、敷地内で剪定した枝を堆肥小屋で混ぜて肥料にし、畑に撒いて野菜を育てる。作業カウンターの大きさに対して、周りに付随するものの大きさと多様さがアンバランスなキッチンだが、これが虫村においてはスタンダードなキッチンのあり方と呼べる気がしている。自然エネルギーをインフラとすることで、足りない時はなるべくエネルギーを節約できる方法を探したり、別の建物にエネルギー供給を頼ったりする場合もあるだろう。一見不便ともいえるこの状況が、日々の調理を通じて地域や地球とのつながりを考えるきっかけをつくる。

・「8K武蔵境」

住宅地の一角にある「8K武蔵境」[3]は8人のメンバーが日替わりで運営するシェアキッチンである。八百屋、魚屋、飲食店等が立ち並ぶ建物の1階に入居する。食を中心としたコミュニティスペースとしての役割を考え、建具を開放的につくり多面的な利用ができるようにした。大きな開口部はテイクアウトにも対応しやすく、窓を開けると作業スペースがそのまま商品の陳列棚にもなる。建具を閉じれば商品の試作や通販業務にも対応する。「8K武蔵境」は自分の店舗をもちつつもフルタイムではない就労のあり方を提案する。時間のコン

3　株式会社タウンキッチンが運営する会員制のシェアキッチン。飲食店営業・菓子製造業等の営業許可を取得した業務用設備を備える。

トロールがままならず、トライ&エラーを繰り返しながら育児と働き方のバランスを探る期間において、週に1度の就労は挑戦しやすく、地域内で顔見知りを増やすことはその後の子育てのしやすさにもつながる。これまでの週5勤務か辞めるかといった2択ではない、グラデーショナルな選択肢がここにはあり、それを支える柔軟な窓のつくりがある。

生きることを支える家

イヴァン・イリイチが「離床」[4]と呼ぶように、土地性が消失した現在、私たちはどこにでも住める。どこにでも住めるようになった結果、どこでも生きられるようで、どこにいても生きにくくなっているのではないかという危機感がある。どこにでも住めるからこそ、どのようにして家と外側の世界との関係をつくっていけばよいのか考える必要がある。それは生きることを支える家とはなにかという問いにつながる。

「荻窪家族プロジェクト」は建物を考えるプロセスを施主以外に開き、この場所に関わる当事者を増やすことにアプローチする。インテリアの変更を通じて住民同士の互助的活動がアクティブに展開するきっかけをつくる。「リノア北赤羽」や「阿佐ヶ谷の住宅」は、家と道路の間にあるパーゴラや部屋が他者や不意の出来事を呼び込み、住戸の延長でもあり公共の縁でもある場をつくろうとする。「虫村」は都市的な暮らしと農的な暮らしを往復することでそれぞれとの適切な距離を探ろうとする。ローカルなキッチンについて考えることは、家具というスケールを超えてインフラやコミュニケーションといった生活の根本を問い直す。

4　イリイチは「社会の諸制度が、地域社会から『離床した』商品生産に向けてつくり直された」(『ジェンダー』イヴァン・イリイチ、1983年)ことが近代社会の特徴と述べる。土地性が失われることによって、人間も含めた社会のあらゆるものが交換可能な商品となったことに対して警鐘を鳴らす。

これらのプロジェクトはどれも、ひとつの合理性に偏った暮らしのあり方に疑問をもち、今まで社会の中で死角になっていて見えなかったものを見直そうとする。誰かによって標準化された豊かさではなく、自らがどのような豊かさをつくりたいかが原動力となり、これまでにない住まい方を追求するための方法が模索されている。あらゆるビルディングタイプの中で住宅はもっとも個人の思想が反映されるものであるが、設計者としては、そうした実践の中で得られたことを、それぞれの建築単体を超えて他者に共有できるものとして考えていきたい。そうすることで、規模など無関係に、建築の設計を通して世界を少しずつよくしていくことへとつながっていくのではないかと考えている。

参考文献

『生きられた家――経験と象徴』多木浩二、岩波書店、2012年
『生きていること――動く、知る、記述する』ティム・インゴルド、左右社、2021年
『縁食論――孤食と共食のあいだ』藤原辰史、ミシマ社、2020年
『集まる場所が必要だ――孤立を防ぎ、暮らしを守る「開かれた場」の社会学』エリック・クリネンバーグ、英治出版、2021年
『現代思想2022年2月号　特集＝家政学の思想』青土社、2022年
『ケアするのは誰か？――新しい民主主義のかたちへ』ジョアン・C・トロント、白澤社、2020年
『シャドウ・ワーク――生活のあり方を問う』イヴァン・イリイチ、岩波現代文庫、2006年
『日本の台所一〇〇年――キッチンから愛をこめて』別冊太陽編集部編、平凡社、2022年

第六章

街をリバースエンジニアリングするルールと、越境する設え

——山道拓人

ルールを乗りこなす

何十年も黙認されていた浅草の有名な出店群が立ち退きを迫られているというニュース[1]があった。浅草にはよく通っていたので個人的にもショックを受けた。詳しい経緯はわからないが、記事を読む限りでは、出店群の商店会側は当時の区長の指示によって建てられたと主張するが、それに対し、現在の行政側は「道路交通法違反に当たる」と説明する。地域に愛されていたものも、ルールとの関係によって存続の危機にさらされる。

一方でゲリラ的な事象であってもルールを設定することで社会的に位置付くこともある。例えば、イギリスのブリストルで、道を締め切り子どもの遊び場に変える「playing out」という活動があった。最終的に行政が市民の提案を受け入れルールを設けることで継続できる活動に位置付けられた。弁護士の水野祐（1981年〜）氏は、この事例が規制されるどころか全国に広まったということに触れながら、ルールを「遵守か／破壊か」という二項対立で捉えないことの重要性を指摘している。[2]

ジェームズ・C・スコット[3]の『実践 日々のアナキズム』によると、ドイツのタクシー運転手のストライキは、交通ルールを「完璧に守る」ことで行われるという。文字通り理解しようとすると一瞬混乱するが、交通ルールを完璧に守り、速度制限以内できちんと走ることで、かえって渋滞を巻き起こし、交通システムを一時的に破綻させるということだ。これは、ルールは絶

1 「立ち退き危機の浅草の商店街　応援の一方で、複雑な声が」朝日新聞デジタル、2021年6月12日

2 『法のデザイン——創造性とイノベーションは法によって加速する』水野祐、フィルムアート社、2017年

3 ジェームズ・C・スコット（1936年〜）アメリカ生まれ。政治学者、人類学者。

対的なものではなく、弾力的な運用によってむしろ社会がうまく回る側面もあるということを示している。

建築は無数のルール（法律・地域の慣習など）の中でつくられる。それらのルールは、あるタイミングに、その時の想定で誰かがデザインしたものである。だから、時が経てば実態とズレていく。同時に、建築は一度建ってしまうとその場所に強い制限を掛けることになる。それが、暮らしの条件にもなってしまう。だから、建築を考える時には、既存のルールさえ守っていればいいという考えは捨てないといけないし、建築自体が生み出してしまう制限を考慮して設計しないといけない。

ここからは我々が考えるルールとの付き合い方を議論していく。

デザインサーヴェイをリバースエンジニアリングに応用する

これまでたくさんのデザインサーヴェイに関わった。特定のテーマに関して、街で発見したものをなるべくたくさんスケッチや写真で記録し一次資料として集め、最終的に共通の図法で描き起こし、比較できるようにすることで議論のプラットフォームがつくられる。家電メーカーがプロダクト開発をする時に行うことがある、リバースエンジニアリングという手法がある。ライバル他社のプロダクトを要素に分解して解析し、設計図に描き起こす作業だ。デザインサーヴェイは既存の自然発生的な都市や集落を図面に描き直す作業であり、街のリバースエンジニアリングと呼んでもいい。既存の街の知恵を借り、次の一手を考えることにつながる。

ツバメアーキテクツのラボ部門でここ数年関わっている「界隈性研究」というURとの共同プロジェクトがある。飲み屋街と呼ばれるエリアを対象とした研究である。飲み屋街は闇市が起源だったり、長年の増改築が行われていたりすることで、安全・安心という防災性や経済合理性の観点でペケが付き、解体を迫られたり、再開発のターゲットとなることがある。いくつかの代表的な飲み屋街を対象に、価値の再定義や、「残す／壊す」を超えた可能性の検証を行った。

自然発生的に出来上がる独特な雰囲気をもつ飲み屋街を、空間、境界、権利、運営、ものの溢れ出しなどの要素ごとに分析し、その成り立ちをリバースエンジニアリングするような作業であった。アウトプットのひとつに、店や路地など所有のラインを超えた空間の使われ方を描き起こした街の断面図がある。無数の断面図を眺めていると、ものの溢れ出し方の法則や、道幅と店の種類の関係、境界をまたいだ区画の独特なオペレーションなど、日々の運営から芽生えた実践の工夫が浮かび上がってくる。例えば、これを防災訓練や耐震・断熱補強の指針と組み合わせて地域運営

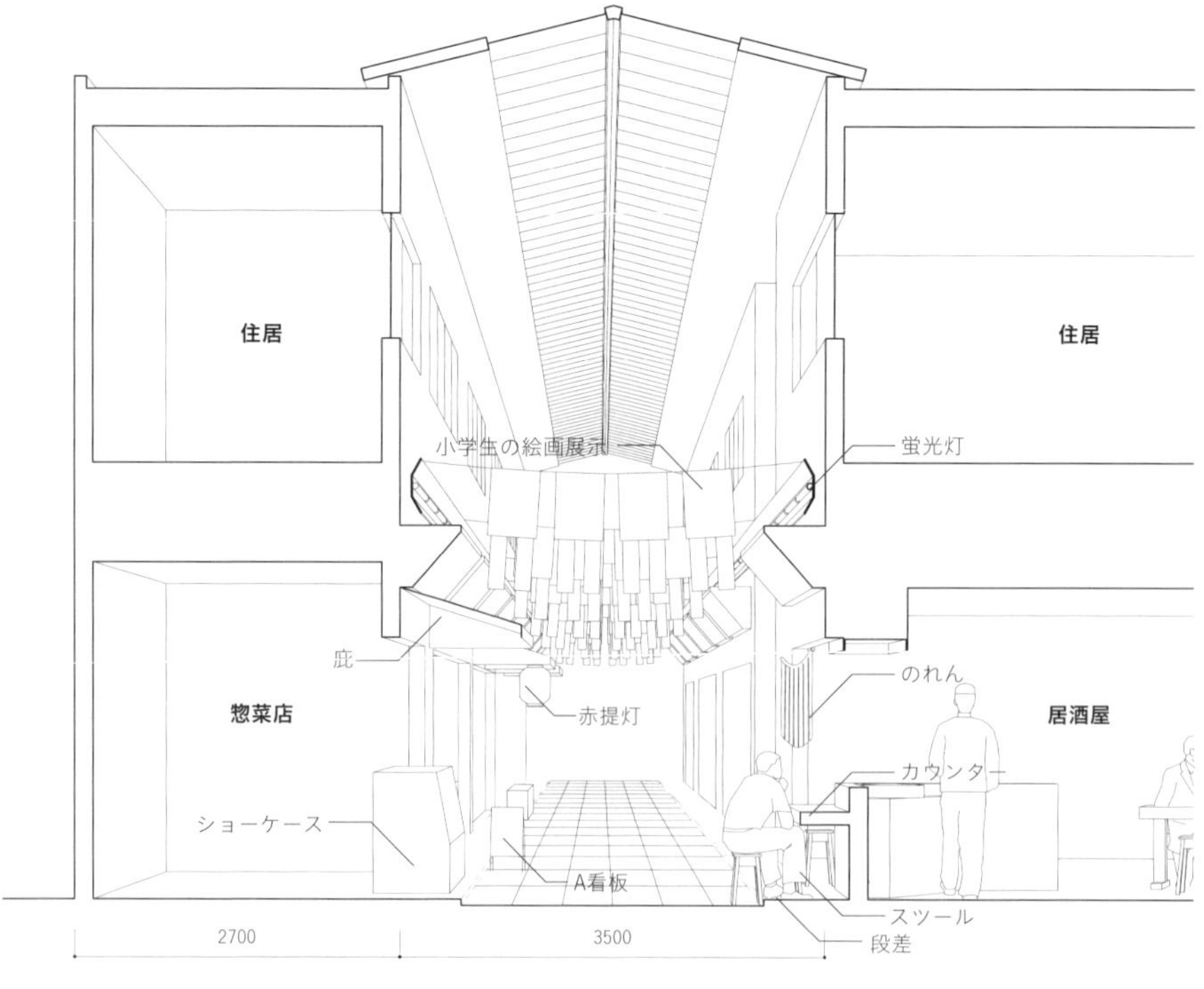

アーケードタイプの飲み屋街の断面

のローカルルールとして整備し直すのはどうだろうか？「残す／壊す」という二者択一ではない、現状と地続きの未来を描くことは可能だろうと議論している。

　こういう態度は新しく建物をつくる時にも有効である。「ボーナストラック」がある下北沢は街の至る所で建物が改造されていたり、路地も店の一部のように使い倒されていたりアクティブに変わり続ける街並みがある。「ボーナストラック」は新築の商店街であるが、入居者自身が手を加え続け、育てられる場所にしたいと考えた。下北沢の街から学んで、建物に手を加えていくためのルールをつくった。

　まず街を分析すると、庇を付ける、外壁の素材を変える、什器を外に出す……といったように手の加え方にいくつかのパタンを見出すことができた。これを下敷きに、建物の改造や運用のルールブックを作成し、それを下支えするディテールを開発した。テナントの入居者はそのルールブックに基づき建物をカスタマイズしていくと、違法建築にならずに、自分達の活動を街並みへと変換していくことができる。

　慣習的に、世の中の駅ビルや百貨店などの商業施設には「内装監理指針書」というルールブックが存在している。テナントがインテリアデザインや工事をする時に守らねばならない。そしてそれらは往々にして禁止事項の羅列として表現されている。「ボーナストラック」においてはこの「内装監理指針書」を、ここはこうしていい、ああしていい、という可能態に書き換えることで、使い手のクリエイティビティを発揮できる行動原理としてのルールブックに位置付け直した。

　ここでは下北沢の街で起きている現象から構造を見出し、それらをルールづくりや設計に落とし込むところまで踏み込んでいる。「改造はご自由に」といわれても実

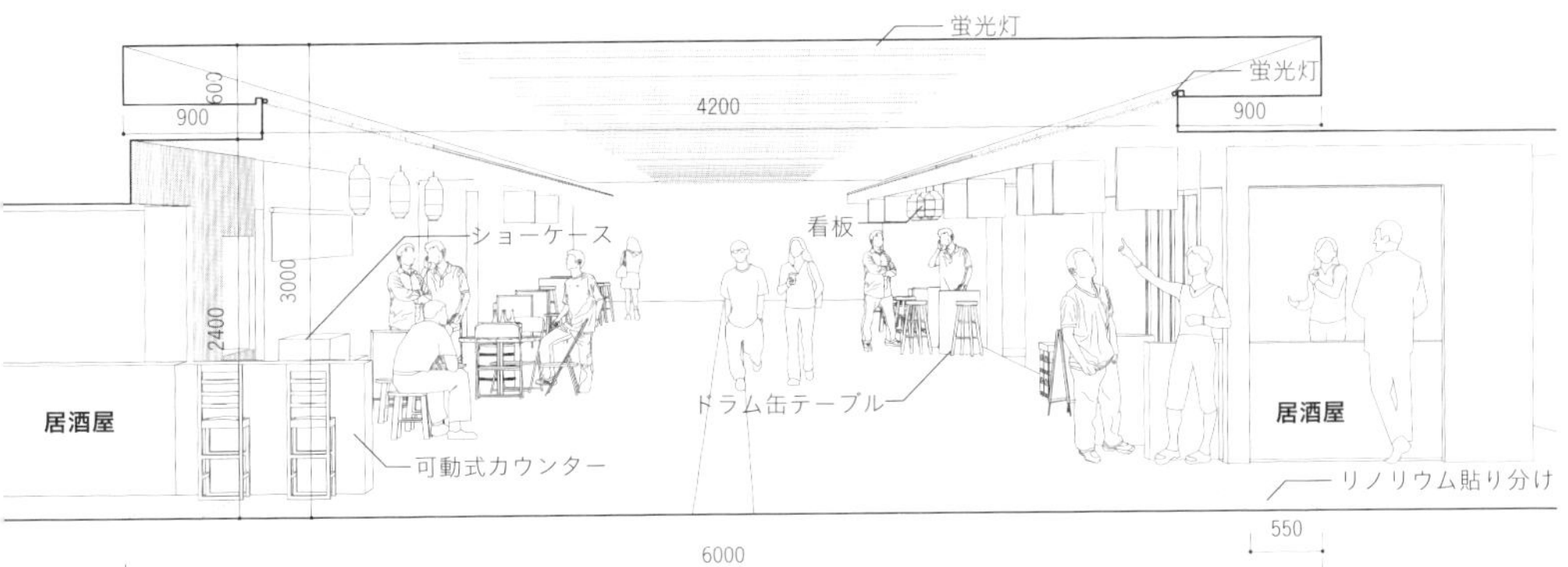

ビルインタイプの飲み屋街の断面

はなかなか難しいから、あるルールを一旦示して、運用しながらルール自体を育てていくために、無限(なんでもあり)の選択肢の広がりを、有限(これなら真似しやすい・違法化しない、という範囲を示す)に絞り込んだ。この有限の選択肢は絶対的なものではない。

『リーガル・ラディカリズム』に「ルールを破って育てる」というテキストがある。著者の飯田高氏[4]は、経済学者カウシック・バスー(1952年〜)の分類を引き合いに出しながら、ルールのイメージとして、利己的な行動を抑制する「合理性制限規範」と均衡の候補の中から特定の状態を指定する「均衡選択規範」があるという。「均衡選択規範」の方がルールを破り育てやすい。「ボーナストラック」の改造ルールを例に説明してみよう。「合理性制限規範」は、各テナントの改造可能な範囲のことである。自分のテナント区画に直結した庇や外壁の一部は改造してよいが、他人の店の庇まで口出ししたり改造したりするような逸脱は許容されない。「均衡選択規範」は、建物を改造する時に使用可能な素材や方法の範囲のことである。この範囲はあくまで一旦我々の方で真似しやすそうなものを設定しているにすぎない。後者に関してはルールを逸脱したアイディアでも関係者で協議をして認められることがある。そして、そのアイディアは、将来、他のテナントが建物を改造する時の方法の選択肢を増やすことになり、こうしたフィードバックを繰り返すとルールが育つ。

飯田氏は「ルールの再構造化は社会集団の再構造化でもあり、ルールを破ることは、守ることと同じく、長期的には社会集団を変化させる触媒として働くかもしれない。」と述べる。ルールの逸脱を許す場合のポイントは、特定の人だけが得をしないこと、他者が真似してもよいこと(つまり逸脱の仕方がルール自体にフィードバックされること)、全体がよくなる方向にいくこと、とまとめられるだろう。

4 飯田高(1976年〜) 東京大学社会科学研究所教授。法社会学、法と経済学を専攻。著書に『法と社会科学をつなぐ』(有斐閣)、『現場からみる障害者の雇用と就労』(共著、弘文堂)など。

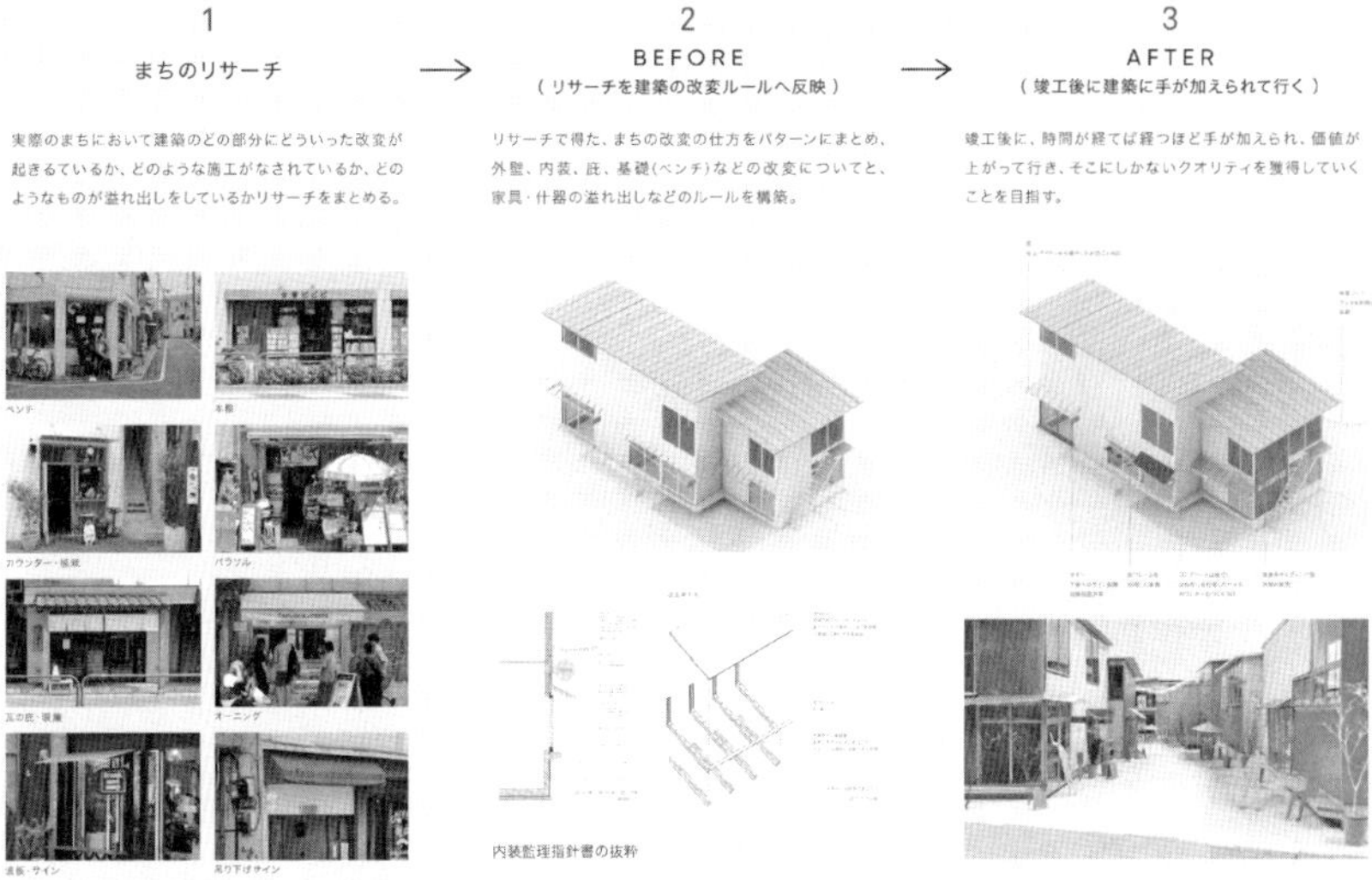
1
まちのリサーチ
実際のまちにおいて建築のどの部分にどういった改変が起きるているか、どのような施工がなされているか、どのようなものが溢れ出しをしているかリサーチをまとめる。
2
BEFORE
（リサーチを建築の改変ルールへ反映）
リサーチで得た、まちの改変の仕方をパターンにまとめ、外壁、内装、庇、基礎(ベンチ)などの改変についてと、家具・什器の溢れ出しなどのルールを構築。
内装監理指針書の抜粋
3
AFTER
（竣工後に建築に手が加えられて行く）
竣工後に、時間が経てば経つほど手が加えられ、価値が上がって行き、そこにしかないクオリティを獲得していくことを目指す。

街のリサーチと内装監理指針書の抜粋

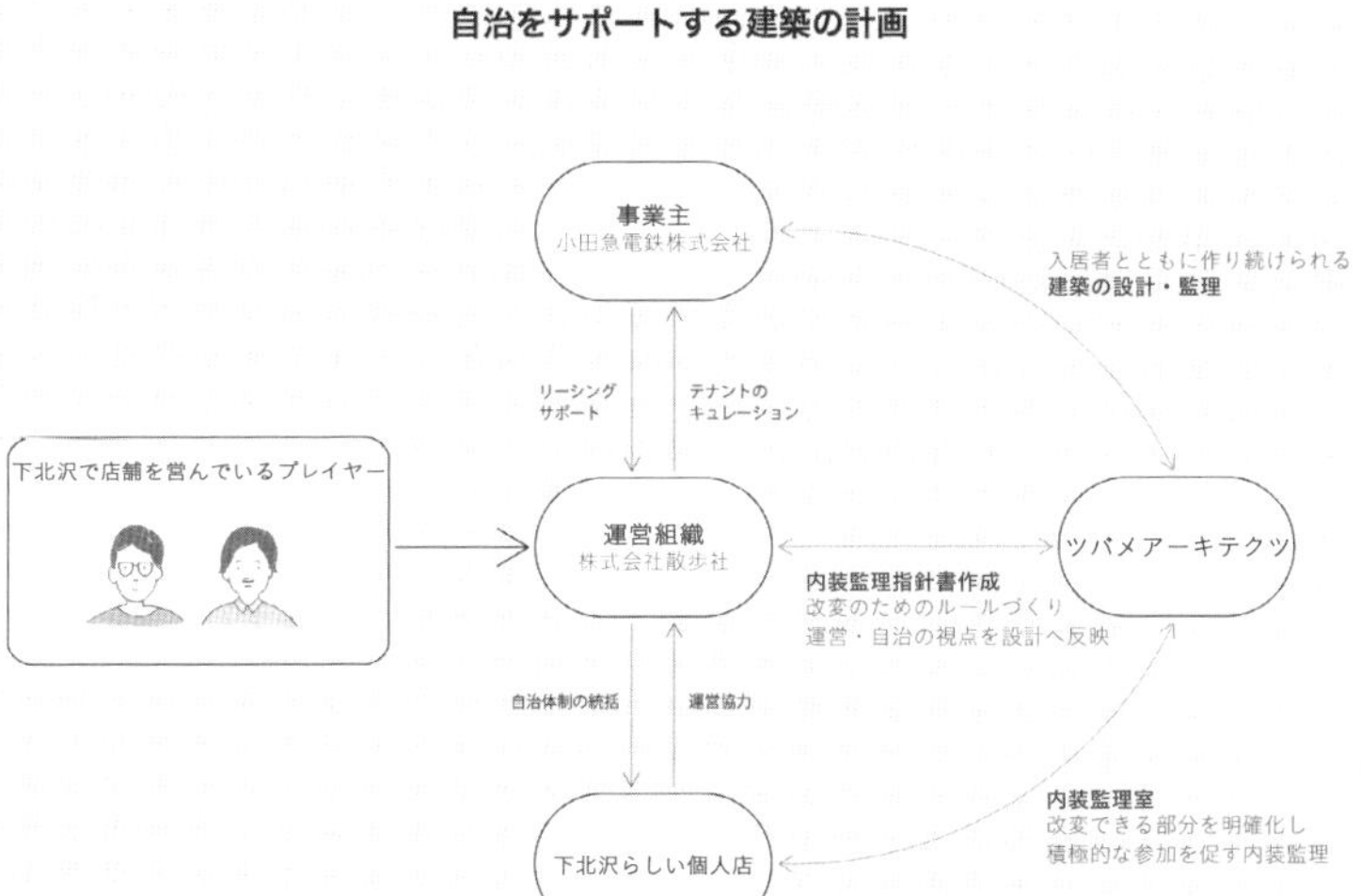
自治をサポートする建築の計画
事業主
小田急電鉄株式会社
入居者とともに作り続けられる
建築の設計・監理
リーシング
サポート
テナントの
キュレーション
下北沢で店舗を営んでいるプレイヤー
運営組織
株式会社散歩社
ツバメアーキテクツ
内装監理指針書作成
改変のためのルールづくり
運営・自治の視点を設計へ反映
自治体制の統括
運営協力
内装監理室
改変できる部分を明確化し
積極的な参加を促す内装監理
下北沢らしい個人店

「ボーナストラック」の運営体制

他にも、ルールづくりを応用したプロジェクトがある。神奈川県横浜市の六角橋エリアは、巨大な木造アーケードの商店街が有名だ。駅前から連続する木の架構に対し人びとが思い思いに居場所をつくっている。そのすぐ先に位置する「六角橋の四軒長屋」では、カスタマイズ可能な領域設定とルールづくりを行った。路地に対し、屏風のような木架構を設定し、内外を貫通する改造可能な壁や、ものの溢れ出しを促す軒下とセットバックを構成した。こういうセッティングをしたことでミセかイエかに縛られない使い方が開拓された。

自然発生的な街でも分解して見ていくとある種のパタンのようなものが読み取れる。そこから一旦叩きのルールをつくり、対応した空間のかたちやディテールを設定していけると、育てていける下地としての建築となる。これはサービスとして提供されるメンテナンスフリーの建築とは異なる質を備える。手間の過程で、ユーザー同士が連帯する、新しい活動が増えていく、地域にも波及する……という、手間がもたらすインパクト＝不便益[5]の効果は侮れない。

ルールの分水嶺——管理と運営

ルールの分水嶺について強調しておきたい。建築プロジェクトの事業者や運営会社と議論していると、「管理」と「運営」という言葉が一緒くたになって用いられているシーンに出くわすことが多い。建物を管理していくか、運営していくか、これは全く違う役割をもっている。

管理というのは、滞りなく建物が使われるためにルールを守らせる方向にあり、竣工時と同じ状態をキープするというイメージ（想定外を排除する）。運営というのは面白い活動をしたり

5 『不便益——手間をかけるシステムのデザイン』川上浩司ほか＝著、近代科学社、２０１７年

街と互いに関わったり、ルールを乗りこなして育てていくような方向にあり、竣工時よりも場所をどんどんよくしていくイメージ（想定外を歓迎する）である。もちろんこの両方が必要だが、社会の想定が刻一刻と変化する現在においてはルールは絶対的なものではなく、扱える状態に留める必要がある。その後なされる柔軟な解釈をどれだけ取り込めるかが重要で、「行動原理」として用いていくことが求められるだろうと考える。

分人的建築家・分人的大家

そのために、管理する側／される側という対比をつくらず、当事者の立場を固定しないことが有効である。「ボーナストラック」の運営において我々はルールづくりに加え、エリアマネージャー（内装監理室）として説明会を開き、各テナントの内装の図面チェックも行っている。そうすることでルールを守ってもらうだけでなく、積極的に街並みづくりへの参加を促す。さらに、前述したような、ルールを逸脱するアイディアが入居者から出る時にもアリかナシか、ではなく議論をしていく。大袈裟にいえば、入居者に伴走し、ルールを一緒に解釈していくような法曹（あるいはコミュニティ・ドクター）的な役割を担うことで、建築は育ち、「その手があったか！」と私たち建築家側の認識も更新されていく。

また運営の体制にも特徴がある。「ボーナストラック」は鉄道会社の事業であるが、彼らが直接管理するのではなく、ここではテナントと事業主の間に、元々地元でB＆Bという有名な本屋を営んでいた内沼晋太郎氏や、ソーシャルメディアを運営していた小野裕之氏らによる散歩社という中間組織が入っている。それにより柔軟な判断が各所でなされていたり、実験的な活動がクイックに展開されたりしている。ルールと余白を考える上で示唆的な体制となっている。

ツバメアーキテクツは、建築家でありエリマネであり事業者でもあり活動家でもありカフェやギャラリーの運営者でもあり地元住民でもあり……複数の人格をもつ分人的建築家といえる。散歩社も大家であり店子でもあり……分人的大家といえる。分人状態にあると、ある観点でＮＧであっても、他の観点ではやってみようかと認識を更新していけることもあって、学習の回路を自らに設定することができる。

体制づくりを応用したプロジェクトに、前田建設工業と協働した「ICI-STUDIO W-ANNEX」がある。２０１６年、日本近代住宅作品の傑作とされる「旧渡辺甚吉邸」[6]は解体の危機にあった。これを知った建築史研究者、有識者たちが委員会を結成し、部材保管に協力できる企業を探す活動を開始。その結果、前田建設工業のＩＣＩ総合センター内に移築されることとなった。歴史的建築物を保存するだけではなく、活用を促進する別館の設計にツバメアーキテクツは参加することになった。

ゼネコンが普段の請負業を超えて、自ら施設の企画や運営を行うためには分人的ゼネコンマンが必要となる。設計を進める前に運営方法や体制のあり方など、前田建設工業のメンバーとワークショップを行い、議論することから始めた。各部のメンバーと、体制図や年間スケジュールを何度も描き直す作業をし、規模やスペック、使い方などの設計与件を設定していった。

小さな室の集合でつくられ、装飾豊かな「甚吉邸」に対して、大きながらんどうで、透明性

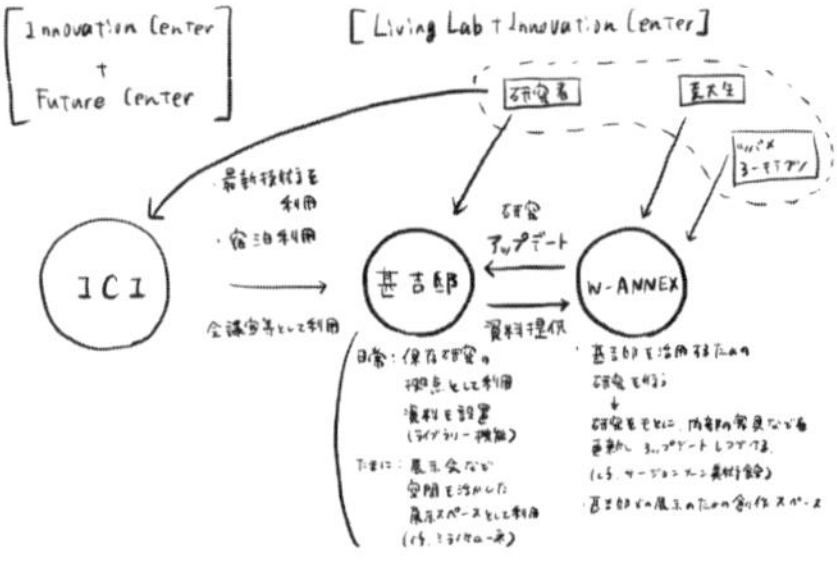

前田建設工業とのワークショップでの体制図の検討

６　旧渡辺甚吉邸　１９３４年竣工。遠藤健三、山本拙郎、今和次郎による共作。

「ボーナストラック」（2020年）の竣工１年後の様子

「六角橋の四軒長屋」（2022年）の竣工１年後の様子

「ツルガソネ保育所＋特養通り抜けプロジェクト」（2017年）
ケアする、されるが反転する

特養前につくったバスケットコート。3世代が交ざる

住宅地の「マイクロバスケットコート ONE_THROW」（2021年）

前田建設工業の技術研究所内につくった「ICI-STUDIO W-ANNEX」（2022年）

「富士吉田の東屋」（2023年）

日本三大奇祭のひとつ、吉田の火祭りの風景

趣味やスキルを交換するマトリョーシカ型の「マイパブリック屋台」(2015年)

路面で領域展開する「マイパブリック屋台」

ジュエリー作家のための
「神戸のアトリエ付き住居」(2019年)と
「ジュエリー屋台」(2019年)

2021年に、「ジュエリー屋台」を用いてポップアップを実施

「トーキョーベンチプロジェクト」（企画＝グランドレベル、2019年）

高く無垢な設えとしたタフに使える空間が立ち上がった。活動をサポートするためのバトンやスクリーン、カーテンが吊られる木造トラスが、木々の中に馴染みつつも存在感のあるヴォリュームとして浮かび上がる。竣工後、請け負いを超えた活動が実践され始めている。

龍をいなすルール――掟

社会学者の宮台真司（1959年〜）氏は、次のように述べる。

「かつて宿場町には、まず盛り場があり、その奥に芝居町……奥に行くに連れて眩暈の度合いが上がる。これは〝法の世界〟から〝掟の世界〟への道程です。……〝掟の世界〟は〝法〟にない（統治権力が命じていない）ルールによって秩序が維持されます。」（『ルポ日本異界地図』[7]より）

自然発生的な場所と付き合うならば法と掟の重ね方を考える必要がある。

我々が関わっている奈良井宿での町家再生プロジェクトと下北沢の一連のプロジェクト群は、相手にしているのが田舎と都市という意味で、一見対照的だが、ある種のローカルルールがあるという共通点がある。例えば奈良井宿でいえば、江戸時代の木造町家が密集していることから火災のリスクへの対応が最重要課題のひとつであり、月に1回の消火訓練がある。また「ボーナストラック」では先に述べた建物運用のルールの他に、テナントの店長同士が月に1回集まる店長会を行っており、売り上げの変化についての情報共有などがなされ、問題があれば互いに知恵を出す場所として機能しているそうだ。

法政大学名誉教授の石神隆[8]氏と議論した時に、コモンズを考える上で「龍」の可能性につ

7　『ルポ日本異界地図』風来堂＝編著、宮台真司、生駒明、橋本明、深笛義也、渡辺拓也＝著、清談社、2024年

8　石神隆（1947年〜）　静岡県生まれ。法政大学名誉教授。日本開発銀行（現日本政策投資銀行）元行員。

いて教えてもらったことがある。どういうことか？　私の理解では、例えば、奈良井宿の消火訓練というある種のローカルルール（掟）には火災という「龍」を住民が互いに恐れ、協力して手懐けようとする意思が働いている。移住した知人によると、この慣習は、消火のスキルを身に着けること以上に、地域住民同士の連帯を強め、飲み会などを通した情報交換などを行う機会として機能しているそうだ。「ボーナストラック」での店長会では、売り上げに直結するコロナ対策（まさに龍）などが練られていただろう。また竣工後に、地元住民を中心とした一般社団法人「シモキタ園藝部」が積極的に植栽のメンテナンスに関わるようになった。施設や地域の緑は、火災やコロナほどの恐ろしい龍ではないかもしれないが、誰かが継続的に面倒をみないといけないものである。それを小田急電鉄の管理会社が管理するのではなく、メンテナンスやツアー、ワークショップなど緑をテーマにした地域住民の活動として運営されている。ローカルルールは地域固有の資源を活かし、独自の空間をつくり出す源になる。

ルールの余白としての地面——通り抜け・空き地・庭

ここまではルールを触れる状態に留めておくことの重要性について書いた。ここからは、既にある制限をどう乗り越えるか、について書く。まずは、「地面」のデザインから。

法規の取り扱いがセンシティブなもののひとつに、福祉施設がある。福祉施設は戦後から制度が整備され（それ自体はいいことなのだが）、それにより建物と人の関係を固定的なものにしてきた。制度が整ったことが、老人ホームには老人と専門職員、障がい者施設には障がい者と専

奈良井宿　火と付き合う

集落内の消火栓

門職員しかいないといった具合に、人が日常を過ごす上ではかえって不自然な状況をつくり出してしまっている。また、事業者からは福祉施設における近年の虐待や事件の多くは施設の内側から起こされているとも聞く。入居者や職員にとっての風通しのいい場所や休憩する場所が確保されなかったり、日々のルーティンの中から生じる諸問題などが外から見えなくなってしまったり、福祉施設ならではの閉じた施設の状況に問題があるように思える。

そういった状況を打破するために、特別養護老人ホームに「通り抜け」をつくった「ツルガソネ保育所＋特養通り抜けプロジェクト」がある。当初は老人ホームに隣接する保育所の設計の依頼だったが、近所の学生が元々敷地の中を通学のショートカットに使っていたことに目を付けて、両施設の敷地を貫通する通り抜けがプロジェクトの主題になっていった。その道沿いにバスケットコート、縁側、新築の保育所、自動販売機、屋外コンセント（スマホやゲームの充電が可能）、ベンチ、トイレなどを並べ、地域に開放することにした。通り抜けによって、この老人ホームには、高齢者と職員と近所の学生や近隣住民など少なくとも四世代くらいの人びとが行き交う環境がつくられた。これは入居者にとっても、職員（専門家）だけに囲まれて生活するよりも窓先に他者が行き交い、子どもたちの遊ぶ声を聞きながら過ごす方が、よほど自然体でいられるだろう。今では入居者や職員、近所の子どもが敷地内でバスケや散歩をする風景が毎日見られるようになった。

地面には見えない制度の線がたくさん引かれているが、通り抜けはそれを横断していく。重要になるのは、前述した運営と管理の両面である。運営的側面としては、想定を超えた使い方に対して、事業主や入居者がノれるかどうかが重要である。小学生と職員のバスケ大会が開かれ、入居者の高齢者が観戦するという関係性が出来上がった。管理的側面としては、警備・

「シモキタのはら広場」（2022年）緑と付き合う

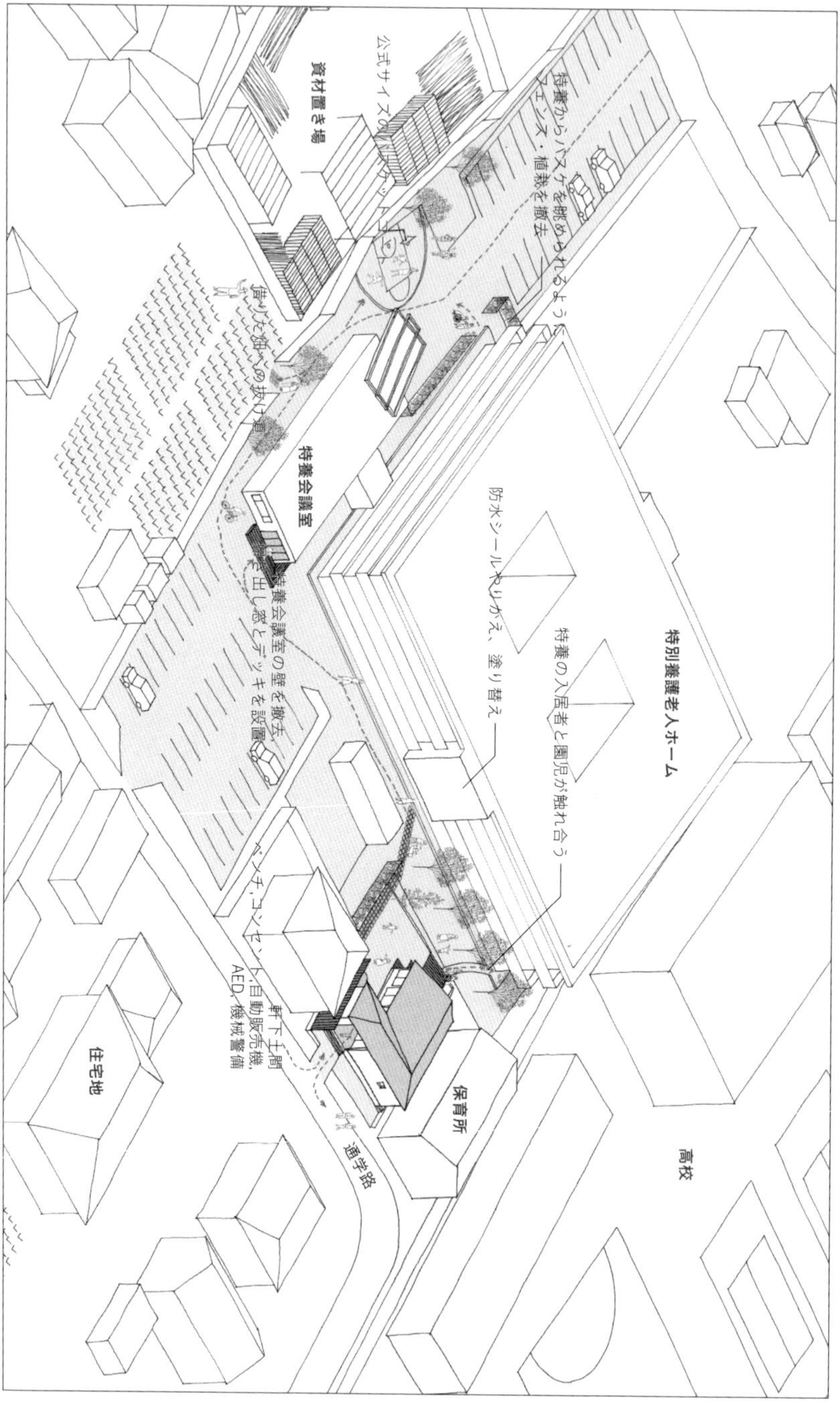

「ツルガソネ保育所＋特養通り抜けプロジェクト」(2017年)

防災システムの敷地を超えた連携が重要となる。ここでは消防署と何度も打ち合わせをし、様々な想定をした。俯瞰のドローイングは施工のための指示書ではない。実際に起きたふるまいの連鎖を設えや道具と共にリバースエンジニアリング的に描き起こし状況を示す。これをたたき台に次のさらなる展開を考えることができる。

続いて、空き地について。今、活動をしたり、人びとが集まったりできる自由な場所が住宅地にあるだろうか。漫画に出てきそうな土管が積まれた資材置き場があったとしてもそこでなにか勝手に活動したら間違いなく通報されるだろう。篠原雅武氏の『空間のために』[9]において、空き家や空き地は、「そこは、依然として、資本主義経済の論理のもとへと包摂されている。テナント料を支払ったり、建物を購入したりしないかぎり、使用できない。料金を払わず使用するのは法的に禁止されている。……それゆえに、資本主義の論理の内側にありながらその外に放擲されてしまう。外へと放擲されながらうちへと捉えられていると言い換えることもできる」と述べられている。長年空いているにもかかわらず、使うことができない。都市の空き地とはそういう場所なのだろう。（最近、管理がされていない未利用地を一定の条件下で利用可能にしていく方針などが盛り込まれた改正土地基本法が制定された。ハードルが高いが、こういう動きが出てきており時代の潮目にいることを感じる。）では、公園や公開空地でなにか活動できるか、というと、実際にはなかなか難しい。日本では、様々なクレームやリスクに対応した結果、禁止マークだらけでなにもできない状況を目の当たりにすることも多い。我々もそういった場所で活動を行った経験もあるが、許可申請や管理主体との協議などが求められるので、アイディアを思い付いたらすぐカジュアルに活動を仕掛けるというのはなかなか難しい。『コミュニティ・オブ・プラクティス――ナレッジ社会の新たな知識形態の実践』（翔泳社、２００２年）では、実践コミ

9『空間のために――遍在化するスラム的世界のなかで』篠原雅武、以文社、２０１１年

ュニティという共通のスキルを学び合うようなコミュニティのあり方について論じられている。第一章で書いた通り2012、3年頃から、都心の駅近くに一気にシェアスペース・コワーキングスペースなど短時間で借りられるスペースが増えた。コロナ禍以降は、住宅地における人びとが集まれる場所の可能性を感じている。そこには物理的にもコミュニティ的にも風通しのよさがあるといい。積極的に活動を促すことを目的としたルールのゆるい空き地、というものが、現代都市では一定の社会的役割を果たすと考えられる。

「マイクロバスケットコート」は、住宅地にマイホームではなく、地域の人が使えるバスケットコート付きの空き地をつくるプロジェクトである。住宅と自動車の関係をそのまま、住宅サイズのバスケットコートのフレームとフードトラックに置き換えた。所属に関係なく地域でバスケをプレイできる場所をつくりたい、という施主の強い想いからこのプロジェクトはスタートした。というのも部活やサークルというまとまりは学校を卒業するとメンバーが散り散りになってしまったり、それを乗り越えるために社会人チームをつくっても家庭ができたりするとなかなか参加が難しくなってしまうからだという。そういう話を聞いているうちにこのプロジェクトがもつ住宅地におけるコモンスペースとしての可能性を想像するようになった。まずはバスケという一手目の条件に対し素直に、最大限配慮しながら仕様を決めていった。一見単なるアスファルトとケージのようにも見えるが、素材を検討する中でアスファルトだと音が大きく出たり、ドリブルの時に跳ねすぎるといった懸念があったために、透水性の下地材とゴムチップ舗装を組み合わせ、人びとのふるまいが際立つような配色にした。ケージは平屋よりは大きく2階建てよりは小さいスケールであることと、バスケのプレイが充分にできる高さをもつこととの絶妙なバランスを検討した。またケージの外側には日々のキャッシュフローを回す

住宅地につくる個人所有の空き地「マイクロバスケットコート ONE_THROW」（2021年）

ためにフードトラックが停まれるように、グレーのアスファルトにした。似たような見た目だが、やわらかい床（ゴムチップ）と硬い床（アスファルト）を用意した。一旦バスケをするという目的に合わせて場所のクオリティを最大化したわけだが、住宅地にやわらかい床がつくられたことで、オーナーが主催するバスケ教室以外にも、様々な人によってボクシング、ダンスなど他のスポーツにも活動が一気に展開した。また人がある程度集まることができることが認知されると、スポーツ以外にもダルマの絵付け、カレーイベントなど、つくる前にはこちらも想定外だったコンテンツをも呼び寄せる結果となった。「個人所有の空き地」という都市の余白は、活用のハードルが低いため都市においてルールの余白を生んでいるといえるだろう。

他にも、富士吉田市の高校生のための庭の事例がある。ツバメアーキテクツで設計した高校生の活動拠点「センゲンボウ」の手前には、文化財の立派な門がある。その間の屋外空間は、交通量の多い道の交差点に開放している。重厚感と開放感がセットになって、いまいち上手に使われていなかった。そこで文化財の門と対になるようなカジュアルな東屋と基礎をL字のベンチにし、庭の角を押さえるようにし、骨格を与えた。施工には生徒も参加し、竣工後もいつの間にか室内の活動が外へ滲み出て、庭は日常的な居場所となったようだ。

通り抜け、空き地、庭の事例は、いずれも個人や私企業、民間団体が主導して住宅地で仕掛けたものであった。

地域の人びとに、日常的に通り抜けてもらったり、佇んでもらうためには、「いつの間にか敷地の中に入って来てしまった」というような状況をつくれるといい。そのために、設えをばら撒くように配置することで結果的に通り抜けのための道のように見えたり、敷地の角や端部を押さえることで空き地の広場や庭に見えるような、ネガとポジが反転したようなアプロー

文化財の門と呼応する「富士吉田の東屋」（2023年）

チを取ったことが共通している。

住宅地の中で多様な活動を支える場所をつくろうとすると、ダイナミックな使用に耐え得る仕様は担保しながらも、現れとしてはサイレントに、という、デザインの引き際がプロジェクトに個性を与えると考えている。

ルールやカテゴリーを越境する設え

ここからは、ルール（建築基準法、権利、カテゴリー）を越境し、活動や場を都市空間に発生させるための可動の設えについて書いてみよう。可動の設えの設計をする時に、私は以下のパラメーターを意識している。1：撤収性、2：領域性、3：追従性、4：祝祭性、5：場所性。これらについて、具体例を交えながら述べる。

1：撤収性

ハキムベイ[10]という思想家のT・A・Z（一時的自律ゾーン）という考え方がある。野営、海賊、ゲリラなどの一時的な場の立ち上げ方のことである。こういった場は、存在感を示すことと、存在を消すことの両立が求められる。撤収性を徹底的に突き詰めることが、個性的な場を生み出すことに直結する。「マイパブリック屋台」は、路面空間をプロデュースするグランドレベル[11]とつくった。これがきっかけでその後、我々はたくさんの可動式の設えを設計することになる。金銭のやり取りではなく、特技や趣味のスキルを交換するために考案された屋台

「マイパブリック屋台」（2015年）地面に追従するやわらかい蝶番

カスタマイズを促す溝や穴

10　ハキムベイ（筆名）本名 ピーター・ランボーン・ウィルソン（1945～2022年）、アメリカ生まれ。アナキズムの著述家、評論家、詩人。

で、路上、路面店、ピロティなど様々な場所でパッと活動して、パッと撤収するために、マトリョーシカ型としている。役割が異なる3つのエレメントは、ひとまとまりになり車に載るサイズとなる。一番外側にくるフレームは壊れないように（容易に壊れないことは、活動の持続にも貢献する）溶融亜鉛メッキを施したスチールのアングルで組んだ。ずいぶんタフなつくりで格納時はギターアンプくらいの重さになったが、「ツアーバンドなら、自分の機材くらい自力でワゴンに載せてもち運ぶよな」と、依頼主は妙に納得してくれた。

2：領域性

撤収と同時に考えるのは領域のつくり方である。可動式の設えというと一般的な屋台のような単体のものが想起されるが、場を立ち上げるには、点よりも面的な領域をどうつくるかを考えることが重要である。変形家具「7つのテーブル」は、プラレールのように、曲線パーツ（テーブル）、直線パーツ（キッチン）からなる。囲み、平行、ランダムなど使い方に応じて、フォーメーションを変えていくことができる。フォーメーションの次に考えるのは、ユーザーのカスタマイズによって、点的なものを面的・立体的に領域を広げていくことである。可動の設えは、使い手が都度都度飾り付けを施す。しかもモタモタするよりは、スムーズなパフォーマンスに見えるといい。そのためのディテールを考えるのが有効である。「マイパブリック屋台」のフレームカウンターは一定間隔で穴が開いていたり、各所に溝を設けたりしており、装飾や道具を引っ掛けたり、周辺の建物とガーランドで結んだりすることで縄張りを張ることができる。

11　グランドレベル　田中元子、大西正紀によって設立された、1階や地面に特化したプロデュース企業。

「7つのテーブル」（2016年）　フォーメーションを変える四角と丸

3：追従性

道路や土間は基本的に水平ではなく不陸だらけであり、追従性の高いディテールが求められる。「A看板」の蝶番は強いものを使ってもビスが取れたり看板側が確実にやられるので、「マイパブリック屋台」ではやわらかいもの（パンチカーペット）をベニヤでサンドイッチするディテールとし、地面のねじれに自重のナリで追従するようにした。他にもジュエリー作家の自邸「神戸のアトリエ付き住居」を設計した際につくった「ジュエリー屋台」がある。ポップアップストアとして全国を回る時や、自宅をオープンアトリエにする時に用いられる。指輪という繊細なものを扱う屋台（展示台）であるために、12㎜の脚と9㎜のブレースとし（指くらいの細さ）、脚先はネジを切って脚自体と同じ太さのアジャスターを特注し、その存在を消している。8台セットになっているが、不陸がある床に対しても完璧な水平面を引くことができる。

4：祝祭性

可動の設えには、祝祭的なインパクトをつくれる醍醐味がある。祝祭性を考えるには先ほどの装飾は有効であるが、他にも色、音、人の動きなどに着目するとよい。「トーキョーベンチ」はアートイベントの枠組みで、公開空地に1か月だけ置かれる20台ものベンチをデザインしたプロジェクトである。緑で埋め尽くされがちな最近の公共空間を背景に補色の赤の塊が突然都市に立ち現れる。そのうちのひとつはスケールをちょうど2倍にした「2倍ベンチ」、風景の一部をバグらせる効果をつくる。

「広葉樹で作る鏡開き」は、板を叩き割るという大袈裟で滑稽なふるまいと音の響きに着目してつくった。何度も叩き割ることができる蓋とハンマーのセットは様々な樹種の広葉

cobacoの「ジュエリー屋台」（2019年）
指のように細い脚

樹でできている。開会式や結婚式に使ってもいいし、子どもの遊具として使ってもいい。樹種ごとに異なる音を響かせるから何度も叩きたくなる。叩き割る人や、それを眺める人が、どんどん入れ替わり、自然に歓声が上り、人が人を呼ぶ祝祭性をつくり出した。

5：場所性

可動の設えは、場所性を引っ張ってきてしまう。プロダクトや家具と違って地面と直接関わりをもつ。ネコ車を見れば、田んぼや施工現場などの土っぽい場所を想起するし、ショッピングカートを見れば、スーパーのツルっとした都市的な場所を想起する。目下、設計中の「コンポスト屋台」は、生ごみを回収し、床材と混ぜ合わせ、堆肥をつくり、それを再配布する活動をサポートする。農地や、団地の菜園、商業施設の植栽エリアなどに展開することを想定している。つまり、都市に置かれても農地に置かれても違和感をつくりこの活動に注目を集めるようなかたちがいいだろうと考えた結果、ネコ車とショッピングカートを合成することにした。しかも複数台つくるので、合成の割合を調節するつもりだ。1号はカート強め＋ネコ車弱めの都会寄りなかたちで、どちらかというと団地や商業施設の中を駆け巡る。2号はネコ車強め＋カート弱めの田舎っぽいかたちで、タイヤをオフロード仕様にしてどちらかというと外構や土の上を走る。「コンポスト屋台」は都市農村交流を牽引する。

以上、可動式の設えを設計する時の配慮について述べた。建築と組み合わせることで、建築だけでは実現できないことを一時的に達成してくれる可能性がある。店前に置けば、通りを店で挟む両側町をつくり出すことができる。店の中で普段使いをしていれば、いざ移動する時

「広葉樹で作る鏡開き」（2023年）
祝祭的な音を響かせる

にはプログラムや人が丸ごと引っ越しするような錯覚をつくり出すこともできる。
ひとつの場所にはひとつの建築しか建てることができない、とか、建築は一度建ってしまうとその場所を使う人の暮らしの条件のひとつになってしまう、というような土地に定着される建築が抱えてしまう宿命を、可動式の設えは相対化してくれる。

まとめ——ルールと設えで建築を挟み撃ちにする

人間社会を便利にした自動車（道具）に速度制限（ルール）をあえて時速25㎞と、強く掛けることで、行きすぎた状態にならないように（例えば自動車が歩行を凌駕しすぎないように、とか、新しい道路を整備するための税金を払うために自動車に乗って働くといったことにならないように）、自動車をコンヴィヴィアル・ツール[12]に留めておく、というイヴァン・イリイチのアイディアがある。80年代の日本での講演録を読むと、開発が進む状況下ではほとんどジョークのように響いたかもしれないが、今なら多少は理解できる。余白を伴い、至るところが触れる「ボーナストラック」などは、コンヴィヴィアル・ツールとしてのプロジェクトと見立てることもできよう。触れるようにしておく、見えるようにしておく、それが不確かさと付き合うことにつながる。

本章は、ルールから始まり最後は建築に満たない設えの話で終わった。建築は一度つくってしまうとなかなか変えられない。しかし、ルールと設えは、調整し続けることができるから、これらで建築を挟み撃ちにするといい。都市に主体的な活動を復権するためのコンヴィヴィアル・ツールとしての建築を、我々はまだまだ構想できるだろう。

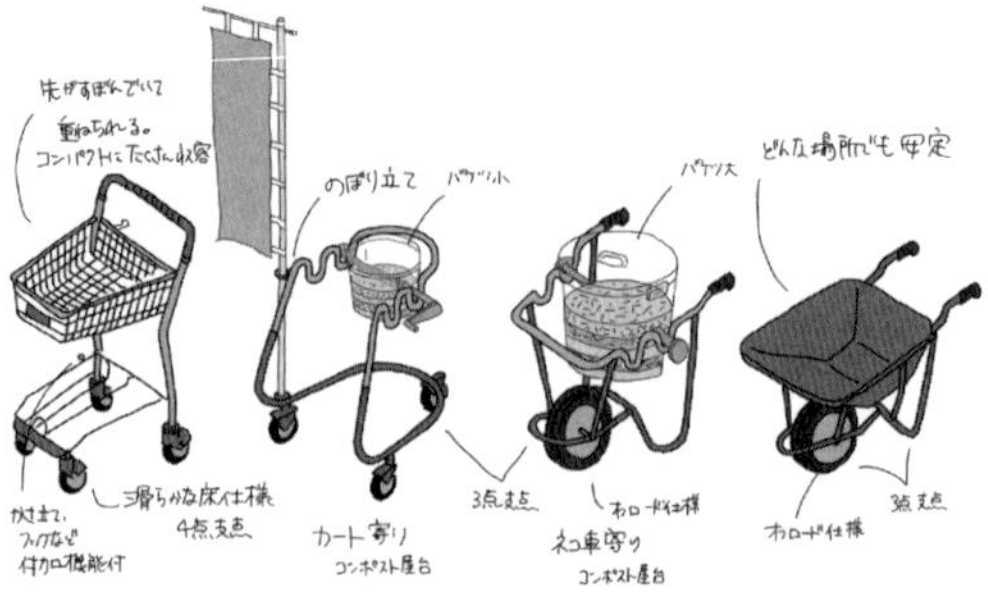

「コンポスト屋台」（2024年）ショッピングカートとネコ車の合成。都市や農地を駆け巡る

12　コンヴィヴィアル・ツール　道具が、第一の分水嶺に留まり（第二章参照）調整できる状態にあること。

参考文献

「コモンズをデザインするルール　水野祐×花井優太」（『カルチュラル・コンピテンシー』花井優太、鷲尾和彦＝著、株式会社ブートレグ、２０２２年）
『実践 日々のアナキズム――世界に抗う土着の秩序の作り方』ジェームズ・C・スコット、岩波書店、２０１７年
『コミュニティ・オブ・プラクティス――ナレッジ社会の新たな知識形態の実践』エティエンヌ・ウェンガー、リチャード・マクダーモット、ウィリアム・スナイダー＝著、翔泳社、２００２年
『リーガル・ラディカリズム――法の限界を根源から問う』飯田高、齋藤哲志、瀧川裕英、松原健太郎＝編、有斐閣、２０２３年

対談

青井哲人×ツバメアーキテクツ

変わろうとする世界の背中を押す建築的方法のモデル

青井哲人さんは、建築史、建築論を専門に活動されており、近著に『ヨコとタテの建築論』（慶応義塾大学出版会、2023年）がある。なぜ人間だけが複雑な世界をつくり上げることができたのかという人類史的な問いから始まり、都市における無名の建物の広がり（ヨコ）と、その中でいかにして建築（タテ）を建ち上げるのか、そして現代における建築家の役割までを論じた本である。今回、対談を依頼した理由は端的にいえば、本書の執筆中に出版されたこの本によって思考が整理され、勇気付けられたからである。また、ツバメアーキテクツの建築実践を、青井さんの描く歴史観の中で、どのように位置付けることができるのか議論したいと思った。

——千葉元生

工法の区分に所有・運用の区分を重ね合わせる

千葉　本日はよろしくお願いします。お昼頃から「ボーナストラック」を案内させていただき、その後青井さんのご自宅である「ジャジャハウス」（設計＝藤田雄介＋伊藤茉莉子＋寺澤宏亮／Camp Design｜青井哲人＋青井亭菲）を見学させていただきました。「ボーナストラック」を一通り見ていただいた印象からお聞かせいただけますか。

青井　よろしくお願いします。「ボーナストラック」については、まず建物としてのつくりに具体的な回答がきちんと提示されていたことに率直に驚きました。僕自身が昔からすごく素朴だけれど難しい問題として抱えていたことに、ひとつの回答を見たように思います。

イタリアに代表されるヨーロッパの組積造の世界では、昔から様々な人びとが内装を変え、間仕切りを変え、増築をする、その痕跡が堆積したものとして都市を見ることができます。なにが変わりにくく、故に長い時間残り続けるか、逆になにが変えやすいのか、その分節は割にはっきりしていて、誰もが当然のこととして知っている。建築の構造躯体でもあり、空間を決定付けもする壁が残り続け、介入を受け止めてくれる。ところが日本のように軸組み構造が基本の場合、壁は簡単に外せてしまうんですよね。柱や梁も空間を強く囲って限定するわけではないし、それどころか割に簡単に動かしたり抜いたりできてしまう。組積造の壁のような物的な信頼感がどこかにあるというより、架構が成立しさえすればなんとでもなってしまう。そういうこととなんとなく関係があると思うんだけど、最近日本の建築家がよく言う使い手自身が建築に手を入れていけるようなデザイン、というような話には必ずしも明快な方法はないし、気分や実感としても共有しづらいことが少なくないんです。

『ヨコとタテの建築論』の第二部でも書きましたが、建物のかたちを都市の中で歴史と共に考えていくには、類型という読み方が有効です。ただ、建物を型の視点から見るだけでは、実は時間は動いてくれません。では時間の中で人が介入し、建物が変化していく経過を考えるにはどうすればいいか。当然建物全体よりも小さな分節が必要になってきます。例えば台湾の〝街屋〟（町家）の場合はその分節が明快に決まっている。一方で石やレンガや日干しレンガでできた分厚い40㎝の壁が隣家と一体になっていて、他方で壁と壁の間に入ってくる架構や間仕切りは数十年単位で取り替えられていく習慣が歴史的にあります。要するにそのふたつの間に誰もが無自覚にシェアしている分節がある。これは、ひとつは工法的に介入できる部分が決まっていることと、それに所有関係の分節が対応していることが極めて重要です。台湾の場合、この分厚い40㎝の壁の中心に所有境界線が引かれています。つまりこの壁は共同所有物であり、だから壊せない。つまり、物的な組成として壊しにくく多少の改変をしても問題ない存在感があるのと同時に、共同所有だからひとりの勝手な意思では動かせないものになっているわけです。でもその壁と壁の間にある木の架構は、私有物なので変えることができ、しかも組み換えやすい軸組みでつくられる。こういった分節を含む組立ては世界各地にあるはずです。でも日本では江戸時代までの不動産・動産の区分や、建物の中の所有の区分、古材利用や移築などの民衆レベルの伝統を壊してきて、現代の木造建築でどういう分節をつくればよいか、模索の途上という気がします。そういった中で、「ボーナストラック」では庇部分はテナントが改変してよいというように、建物部位の物的な区分に所有の区分を割り当てる発想がありますよね。軸組み的世界における人びとの介入の仕掛けが、「ボーナストラック」では非常に具体的になされていることに感心しました。また他方で、各テナントが壁を好きに塗っていいというのもあって、こちらは物的組成と所有の分節というよりは、社会的なルールづくりの話ですよね。いずれにせよ木や鉄を基本的な構造として使う軸組みの世界で、いかに介入を誘いながら堆積させていくのかを考える時に、日本には日本なりの工夫が必要で、そこに一歩踏み出して明示的な方法的提案がなされている。ヨーロッパでは四周の壁と内装材、台湾では両側壁とその間をつなぐ軸組み。では「現代日本の場合は？」ということです。改めてどのように考え設計されたのでしょうか。

千葉　これまでの建築作品は、竣工時の新規性に価値がおかれ、その後に人の手が入り変わっていくことをあまり問題にできてきませんでした。この本では「メンテナンス」に1章割いているのですが、そこでは人が建築に関わり続ける仕組みを設計時から考えることで、竣工時点が建築作品としての完成である、という認識を相対化したいと思いました。『ヨコとタテの建築論』の中でも、レスタウロ（イタリア語で「修復」の意）という言葉を取り上げて、修復において重要なのは工作の手が組織を切り分ける切れ目であるという考え方を説明されていましたね。「ボーナストラック」では、小田急電鉄が所有している手を加えられない部分と、テナントが変えていく部分という工事区分による制度的な切れ目が発生します。その切れ目に対応するかたちで、庇のディテールは鉄のフレームと手を加えていける木の組み合わせによって構成し、お店の顔を各テナントがつくれるようにしています。お話を伺って軸組み的世界においてもやはり、所有制度による分節にものの切れ目を合わせていくことは重要なのだと思いました。また、変化のリズムを意識することが重要だと思っています。庇や窓辺など身体的な諸動作が結び付きやすい部分は日常的に手が入りやすいですが、架構など覆いとなる部分の変化はもっとゆるやかです。ですから、そうしたリズムの違いに応じて、異なる切れ目の入れ方を考えていく必要があります。外壁に手を加えられる方法を、ルールと共に提案したのは、こうした大きなスケールにも踏み込みたかったからです。加えて今回、ツバメアーキテクツとしては設計だけでなく、テナントの内装監理のルールづくりにも関わっています。

西川　入居時にルールブック（p.177上）を渡しています。オーナー負担で実施するA工事とテナント負担で行うC工事との区分を色分けした図面やパース、下北沢で見られる改変をリサーチした事例等を載せています。つくられ方を共有することで、使い手の即興的な介入を促したいと考えていました。

青井　それはいい方法ですね。リサーチと設計とを結び付ける方法としては、色々なエレメントを集めてコラージュするとか、エレメント同士の配列の文法を抽出・適用するなど、要素を記号的なレベルで見る態度に止まることがほとんどだと思います。それが、「ボーナストラック」では所有やふるまいの切れ目を見付けた上で、介入を促せる工法の組み立てにしておく、あるいはルールブックをつくる、というところまでやっている。そうした取り組みが具体的にどういうことを可能にするのかのサンプルとして、フィールドワークの成果があるわけですよね。とても論理的なアプローチだと思います。

山道　ツバメアーキテクツでは具体的な建築だけでなくその背後にある枠組みや波及効果も含めてアーキテクチャーとして捉えるアプローチをしています。「ボーナストラック」にも内装設計者をはじめ様々な関わり方をしている人たちがいるのですが、そのプラットフォームの上では競合としてではなくより高次元のある種の協働として見ることができると、ひとつ可能性が開かれるように思います。建築家としてはプロジェクトのよりメタ側で関わることができると、開発のあり方自体に対する提案ができるなど、勝負するフィールドが変わってくる感覚はありますね。

西川　そもそも下北沢自体が、何度も繰り返し手を加えられ、改変され続けてきた街です。皆が勝手にお互いを参照し合い、自律的に街を使い倒そうとしていることが面白い。新築であっても、人びとが手を動かしたくなる状況をいかに設計に落とし込むかを考えていました。表現としてはわかりやすいものではありませんが、仕組みとしては提示できているのではないかと思います。

青井　非常によくわかります。フィールドワークで集めた写真が、内装監理のルールブックに載っているという位置付けがいいですよね。現にある〝生きた街〟のリアルを理想として、それを読み解いたりサンプリングしたりすれば必ず方法が出てくるという一方通行的な態度は、僕は違うと思っているんです。この状態がいいと感じたり信じたりすること自体は構わないのですが、専門家としての建築家がそうした状態を意識的に実現するための方法は、街を読むだけでは出てこない。たくさんの変数がある中で実際に生きた仕組みをつくるために、管理やコストなどもにらみながら技術的な裏付けをもった方法をやはり建築家サイドから構築して放り込んでやる必要がある。そうでないとリサーチでつかまえたあの〝リアル〟が生まれる瞬間に立ち会えない。そして、生まれてくる状態は街と全く同じ見かけをしている必要はないはずです。

千葉　今のお話は、ご案内した際に「ボーナストラック」はテーマパークとどう違うのかという問い掛けをいただいたことに通じますね。テーマパークは模倣する対象の要素を分析して、その表層的なイメージをそのまま再現する。

ここでのアプローチはその街にある要素を抽出してコピーしたいわけではなく、要素を材料として扱えるものにしつつ、それを使って新しい状態をいかに生み出すかを考えています。

山道　現在の模倣やコラージュではなく、どの部分を介入できるものとして設定し、どちらに向かっていくか、その流れをいかにつくれるかが重要なのだと思っています。

青井　そう。生きた街をつくりたいという願望は誰しもがもっている。他方、世界の街や家では、所有の区分と技術の区分が重ね合わされることで生きた仕組みができている。でもその原理を微細なふるまいのレベルで丁寧に、かつストレートに実装しようとした事例って案外ないのではないか。それと表裏一体になっているのが、先ほどのルールづくりのお話ですよね。一般的には禁止型のルールにするところを可能性型、促す型のルールに変えていくのと同時に、所有区分と技術の区分をきちんと重ね合わせて、なにが可能かをしっかり定義することで、そのルールが実際に駆動するものになる。表裏になっていた両者をきちんと統合したことがすごく効いていると思います。

「ボーナストラック」のモデルとしての可能性

青井　このあたりでやはり踏まえておきたいのは、「ボーナストラック」は、小田急電鉄が自社の地下軌道の上に所有している土地で、ある種の実験として一体的な街づくりができているという点ですね。先ほどの工事区分についても、そのような設定だからこそ様々なことを具体的かつ実験的に組み立てることができた側面はあるのだと思います。もし一つひとつの建物が私有地に分かれていたら全く違うものになっていたはずで、このあたりはどう整理すればいいと思われますか。

山道　ひとつ思うこととして各テナントが地面に直接つながっていることが、ここの場の質に効いているのではないかということです。例えば高層のビルを考えると、建物の管理の側面から各テナントの営業時間を揃えてしまうので、夜に一軒だけ開いているというような状況はつくりにくくなります。「ボーナストラック」は地面に接続しているため、開いているお店と閉まっているお店が違和感なく共存できる。それが当たり前になることで、営業しているお店と閉

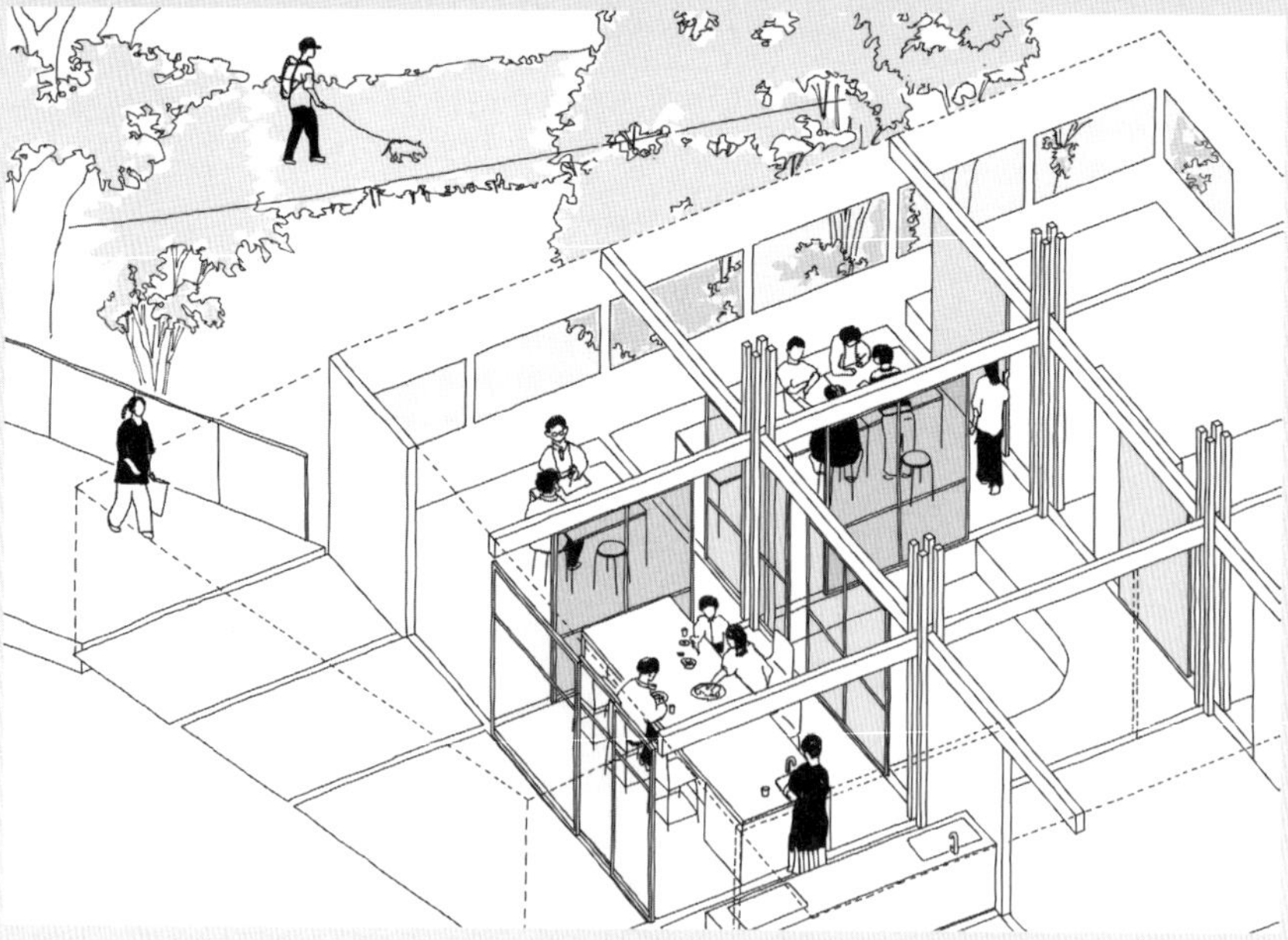

「ジャジャハウス」（2023年）と「近隣」の構成
「ジャジャハウス」の会所・厨房は、ブリッジを介して正面の通りと行き来することができる（作図：Camp Design）

まっているお店との間でスペースを融通し合ったり、イベントを開催したい人がいれば周りは協力するというような秩序が生まれています。地面と接続することが、場を使う権利が調停されやすい状況につながっています。

西川　屋外の共用部は、旗竿敷地の残余を組み合わせて広さを確保しています。こうした所有と利用を別軸で考えるあり方は、他の敷地でも展開できそうです。テナントごとに特定のアプローチを設けず、ゆるやかに共同管理しています。賃貸なので私有地ではないけれども、パーソナルにも使えるというのが効いていて、それにより開発者の小田急電鉄、運営者の散歩社、各テナント、それぞれが異なる視点から実験的に運用しやすい状況が生まれているように思います。

青井　なるほど。そのあたりは規模の問題もありそうですね。山道さんが言われた地面に接続した空間は、近代化の中で全てプライベートな領域として占有されるようになったわけですよね。そこに他者が参加して一緒に活動したり暮らしたりするような事例が近年数多く出てきました。その場合にメンバーシップの数が2、3人とかとても少ない時は阿吽の呼吸、50人くらいになると一元的な管理が必要になるかもしれない。それが数人から20人くらいだとメンバー間で共有し、更新していけるルールをもつ共同体というあり方になり得る。例えば私の自宅、「ジャジャハウス」には私たち夫婦と子どもの他に、ふたりの同居人がいて、大人6人の共同生活をしているのですが、この規模でも共同体の運営ルールが必要です。「共同生活規約」という憲法みたいなものです。それぞれ独立したアイデンティティーをもつ大人が一緒に住むことで生まれるメリットの最大化を大切にする、これが規約の第一条です。

千葉　「ボーナストラック」の内装監理指針でも冒頭でコンセプトを説明し、この場所がよく育っていくように皆で盛り上げましょう、ということを掲げています。やはり場を運用する上では重要な視点ですね。

青井　様々な共同体を実際に運用していく中でどのようなルールが生成していくか、といったことが全国各所で実験されているのだと思います。これは家族単位で私有、占有する場に他者がお客さんとして関わる程度のプログラムでは起こらなかったことです。また逆に多数の人が同時に使うビルの規模は、山道さんが言われたとおり別次元の話になってしまいますからね。「ボーナストラック」は、いい按配で運用ができる最大規模かもしれません。そして「ジャジャハウス」くらいの規模が他者との共同運営の状態がそれなりの必然性をもつ最小規模。そういう意味でいずれも基本的なプロトタイプになりそうだなという感じがします。

話を戻すと、「ボーナストラック」の底地を小田急が所有していることは、なんだかんだいって効いていますよね。所有が個々に切れていたら、このような仕掛けをすること自体がものすごく大変になる。外部空間を共用の場として設定することも、通常は簡単には考えられないです。ここでは建物自体も小田急が所有した上で庇のアングルのフレームまではもっていて、そこに取り付く垂木はテナントの所有物になる（p.090）わけですね。テナントの判断で外してもいいし、別のものに変えてもいいようにしている。言うまでもないことですが、普通の住宅地では所有区分を敷地のラインで切っていて、敷地の内側は全て私有物ですよね。しかし「ボーナストラック」ではこの所有の多層性が、ここの社会の仕組みを体現しているわけじゃないですか。その意味で今回の事業は特殊事例です。でもだからダメだということではなく、ここでこの立て付けだったからこそ生まれたことが、なんらかのモデルになって波及していく、ということがあり得るはずです。ある特殊な条件とのめぐりあわせによって新しいものは生まれるんです。それが次の時代のモデルになり、その蓄積が歴史になるわけですから、特殊解として片付けられないように、ぜひきっちり整理してモデルとしての展開を考えてほしいですね。

千葉　そうですね、このモデルを基に考えると、一敷地一建物の原則の見直しや、住宅地の中の私道の扱いや共用の庭を考えるというような場面には反映していくことができる気がしています。

山道　駅と駅の間とか、駅から遠い場所の住宅地から面白くしていく、そうしたことへの応用可能性はあるように思います。

千葉　例えば隣接する土地をそれぞれ所有して、共同で開発することができると、全体を所有する資本抜きでも、実現し得る世界だとは思います。日本の戸建て住宅には各戸に小さな庭が付属していますが、実はそれらを組み合わせるとある程度の大きさの広場をつくることもできるわけですからね。

青井　例えば2軒から5軒くらいの規模ですね。空き地や空き家が増えている状況があるので、そこを周りの数軒で使えるように、協議によって実質的に共同所有と同じ状態にするというのはありそうな気がします。

山道　新しいファイナンスと場の運用が結び付いたチャレンジングな建築の事例もちらほら出てきています。どうしても投機的なものと結び付きがちですが、もう少し一般的な住宅地で、皆で管理していくコモンズを下支えするような事例も、今後出てくるようには思います。

青井　どのような世界観を目指すのかによって規模や方法が変わってくるのでしょうね。

千葉　所有の仕組みを工夫して、個人の持ちものを共用に開く取り組みや、住宅地の空き地を公園として開放する事例など、徐々にその兆しは出てきていますね。

青井　新しいものをつくるモデルだけでなく、今あるものを組み換えて持続可能にしていくモデルもありますね。今後住宅地で空き家、空き地が増えていった時に、それを利用しながら暮らすことができると、荒んだ風景の中に生きるのとは違う未来が描けます。「ボーナストラック」では共用の庭を園藝部さんという地域住民によるネットワークで管理されているそうですが、そうした方はどの街にもいるでしょう。そういう方向へ変えていかないとまずいですよね。

山道　「ボーナストラック」は、パブリックマインドをもって運営されている側面もあれば、ドラマのロケ地として商業的に活用もされている、そうした二重性を孕んでいます。また線路上の敷地なので大規模なものは建てられないという条件も重要な要素としてあります。どこまでも大きくはできない、その限界値の設定の妙と、公共的な場をつくるモチベーションが組み合わさることで、その反転が狙える敷地を見出していく力があれば地域というのはいい方向へ動いていくのではないかなと思います。

建築の表現を巡る事物の集積と全体性の問題

千葉　冒頭で、素材の硬さややわらかさの違いによって介入のしやすさが変わるというご指摘をいただきました。素材へのアクセシビリティについては本文でも触れた点です。大まかな傾向としては、硬くて重い素材よりもやわらかくて軽い素材の方がアクセスしやすくなります。また人工素材は組成が複合的で、一度壊れると直すことが難しい素材です。「ボーナストラック」のように都市の中でつくろうとすると、法的なことも含めて様々な制限が掛かり、どうしても多様な素材のハイブリッドにならざるを得ません。そのため壁面の切り分けや、鉄と木の混在のさせ方に、メンテナンスや人の介入を考えた意匠として分節の仕方を表現する方法を採っています。

また人が介入しやすい条件として、もののつくられ方が理解しやすいことが重要だろうと考えています。そのためアングルのビス留めや軸組み真壁を用いるなど、物質同士の切れ目がわかりやすい組み立てで全体を構成しています。一方で、そうした積み重ねは多様なものがバラバラに集積した世界観をつくる方向につながると思うのですが、バラバラなだけではその組み立ての意図が理解できずにむしろ手を入れづらくなってしまうのではないか、とも思っています。それを避けるために、例えばバラバラな外壁や屋根に部分的な連続性をもたせるような形式（pp.098-099）を設定しています。そうした断片が集積する状態をつくりつつも、形式によるなんらかの全体性は必要だと思っています。その両立のさせ方についてはどうお考えになりますか？

青井　それはちょっと議論の土俵を整理しないといけませんね。歴史的にはいわゆるアーキテクトは求められた世界を建物をつくることで具現化しなくてはなりません。そして建築が引き受ける世界というのは、実はかたちをもたないものなんです。例えば聖書が説く天上世界や絶対王政下の王の権威や徳であるとか、建築が表すのはだいたいいつも目に見えないもの。実在する具象的なにかを模倣することは、基本的にはやらない。建築が絵画、彫刻、文学とは違う独自のポジションにあるのはこの点なんです。

建築にできることは非常に単純でしかも奥深い。例えば古代ローマでは対称性や寸法の階層性によって各部分が中心に向かって統合されるようなタイプの全体性や、あるいは均等なスパンが無限に続いていくこと自体が帝国の拡張性と呼応する全体性を組み立てたりしています。基本的に全体性をつくるのは幾何学で、それをガイドにヴォリュームや装飾的な細部に抑揚を付け、繊細で豊かな修辞学をつくり出す。建築の表現とはずっとそういうものでした。実は近代建築も、ヴォリュームや面、線などエレメントの構成を発散的にする戦略が特徴とはいえ、それは伝統的な求心性を裏返したものだし、比例の重視とか、均等スパンのグリッドとかの伝統を温存してもいる。それが近代という新しい時代の世界観や原理を体現するにふさわしいと考えられた。古代から近代まで、建築は自律的なオブジェクトとして屹立し、宇宙、世界、時代みたいなマクロな全体を引き受けたんですね。けれど60~70年代以降、アノニマスなヨコの世界を観察して、そこにある複雑さにいかに接続するかということが、建築の基本となる美学や倫理の根幹に入り込み、価値観の転換が起こりました。では、それ以降全体性はどう議論されてきたか。

例えば街の中である場所に立った時に目に入るいくつかの要素から、脳は勝手に全体を構成しますよね。例えば古い木造家屋がひしめく中に路地がくねくねと進んでいくのかなとか。見えているかたちの重なり方、勝ち負けの関係から見えていないところまでかなりの範囲を勝手に構成する。でも一歩足を進めると、また別のかたちが別の重なり方で見えてきて、そこで脳の中での全体像が書き換わる。なにが言いたいかというと、現代の芸術理解は基本的に、まず全体性は作品ではなく経験する人が組み立てるものだと考える、ということです。全体性とは主体の経験の更新と共に変わっていく動的なものであり、全体が書き換えられる瞬間にこそ、私たちを揺さぶる芸術の芸術たる本質があるのだと考えられるようになったわけです。建築も同様で、複雑さ、複合性、アドホックなど色々に表現されますが、身の回りの生きた街のリアル、決して単純な求心性、発散性、拡張性などではないリアルにつながりながら、その世界の経験を不断に更新させる、それが建築だ、というわけですね。そこからさらに、日本においてはリノベーションの文化がもたらした新たな事態として、ただ躯体と家具と小物がある、デザインしたものとそうでないものとの区別すらないような状態、あるいは文字通りバラバラとしか言いようがない状態を表現として追求する建築家も出てきたのだと思います。

西川　「ボーナストラック」の竣工時に、近所の方が散歩をしながら「どこからが新しい建物だったかしら？」と怪訝そうな反応をされていたことを思い出しました。確かに、周辺の街並みとのスケールの連続性や、住宅街でよく見られるエレメントを応用しながら組み立てることを意識しています。一見普通であることと、建築的な表現としての新しさは両立し得るのだろうか、とふと疑問が頭をよぎりました。

青井　とても真っ当なつくりなのだと思います。70年代以降は、ヨコの世界に接続しつつ、自分のプロジェクトがいかに表現たり得るかの両方が問われており、「ボーナストラック」もその点はきちんと押さえておられると思います。

千葉　お話を聞いていて、改めて整理ができました。建築にはなんらかの形式が必要ですが、その形式が表現のための形式になってしまうのは違うと思っています。形式が支配的になると、先ほど仰った全体像が次々に切り替わっていく認識の揺さぶりは起こりづらく、むしろ全体像に対する読み込みを制限することで表現を先鋭化させていくようなやり方に向かいます。一方、バラバラなだけの状態をつくって、全体像の結び方は体験する主体に委ねるというアプローチにも違和感がある。だから、ある全体性を示しつつもそれが支配的にならないようにしたい。雁行させて少しずつズレながら重なっていく「ボーナストラック」の形式は、表現としては強いものではありませんが、些細な行為や介入の、多層的な集積の仕方を方向付ける骨格にはなっているように思っています。

青井　それでいいのだと思います。加えて言うと、「ボーナストラック」を題材にヨコの世界の複雑さとの接続性とか、タテに立ち上がる全体性とかを議論する際にどうしても避けられないのは、どの範囲で全体性を考えるのかという問題ですよね。ひとつは、その周囲に見えている住宅地まで含めて、その風景の大きな広がりを全体性として捉えてそれを更新した、つくり直したのだというプレゼンテーションがあり得ます。他にも、テラスと広場が向き合って生まれる全体性とか、接地レベルの店舗とそれに面する通りと庇がつくる近傍的な関係の全体性などもあって、それらが重層しているのだろうと思います。したがって必ずしもツバメアーキテクツが事業として引き受けたエリアの範囲内での全体性をつくらなくてはいけないと考える必要はないですよね。

西川　なるほど、重層する全体性を考えるという言葉が腑に落ちました。重層する範囲をどこまで広げて考えられるかが、プロジェクトの強度にも関わりますね。

青井　そうですね。例えば18世紀から19世紀にかけてのイギリスで流行したピクチャレスクのような、シークエンシャルな変化や驚きをデザインする方向があります。スカイラインや素材、色、細部形態などの統一性と個性、歩く楽しさなどを強調するタウンスケープ派、街並み景観の美学みたいな路線もそのあたりに根があるのですが、「ボーナストラック」をその線だけで読むとつまらない。様々なレベルで様々な全体性があって、それを一つひとつ経験して重ね合わせて初めて生きた豊かさが理解できていくようになっているはずだし、そう説明するべきだろうと思います。それに加えて所有区分や改変のルールの組み立てといったアーキテクチャーの全体性をしっかりと提示する。そうすると周辺の街や風景も引き受けながら全体をつくっているという話にもつながってきますよね。

千葉　この本では6つのテーマで僕らの作品を語っています。仰っていただいたように様々なレベルの全体性が重層しているということを記述するために、テーマを分けつつも同じプロジェクトが横断して登場するという本のつくりになっています。

山道　ツバメアーキテクツの建築を端的に説明するのは難しいのですが、建築家としてのあり方については分人的建築家という表現で説明できるように思っています。例えばルールづくりをしたり、あるいは店舗を構えて実践者として地域の中に入っていったりすると、それぞれの立場や視座から見えるプロジェクトの姿が少しずつズレてきます。そのようにして建築家の立場を多層化させている。それは、建築を支配的なものにしないために、輪郭をやわらかくすることにつながる。僕らの特徴としていえる点だと思います。

最終的には数十年と関わり続けてそれこそ文化財のような状態まで伴走することができれば、その時に立ち上がっているピクチャーはこれまで誰も見たことのないものになっているのではないかという気がします。
『ヨコとタテの建築論』の最後に、最終的には皆が共有できるフィクションを提示するのが建築家だと書かれていましたよね。「ボーナストラック」では単なる計画とは異なる、伴走するというアプローチで、そうなるまで関わり続けていけるといいのかなと思います。

青井　改めて建築家って、すごい商売ですよね。空間をかたちづくるミクロな部分からマクロなところまであらゆるところを見ていて、具体的なものだけでなくそれを使うためのルールやコミュニティづくり、さらに事業としての側面にもコミットしている。こういった立場の専門家は他の分野にもいないと思います。だからこそ今建築家が様々な分野で様々な役割を担うようになってきていて、ツバメアーキテクツが体現している建築活動もその文脈で説明できるでしょうね。そうした社会・政治的な視座に立った時に描き得るフィクションもあって、それを具現化するために自ら率先して動き、また人を動かしているわけですよね。やはり皆が付いて来られるフィクションを示すのは、建築家の責任なのだと思います。

フィールドを横断し関係をつなぐ建築家の職能

千葉　青井さんとはＳＤレビュー２０２２にて、一緒に展示をさせてもらう機会がありました。その際に展示していた「森の端オフィス」(p.050) を題材にも少しお話しできればと思います。

青井　これはある意味で標本的な建築作品ですね。強い幾何学による全体性があり、同時に自然に由来する揺らいだ線が生きている。

千葉　このプロジェクトを通して「野生的な幾何学」という言葉が浮かびました。地域の資源を材料として扱おうと思うと、曲がっていたり、輪郭が揺らいでいたりと自然がつくる野生味が残っています。一方、こうしたものを使ってなにかをつくるためには幾何学の力を用いるのが有効です。近代の規格化、標準化は、こうした材料を徹底して直線的で扱いやすいものに変えていきました。その結果、建築の空間も均質化していきましたし、材料のもつ背景も感じられなくなっています。そこで、幾何学を用いながらも、自然がつくる野生的な線を残すことで、材料のもつ背景を知覚できる空間がつくれるのではないかと考えました。地方においては、都市に比べて資源に直接アクセスしやすい分、地域資源の活用を考えていくことで暮らしを見直していくことが重要だろうと思いますし、エコロジーの観点からも必要なことだと思っています。こうしたエコロジカルな建築のアプローチをどのように考えていらっしゃいますか。

青井　当然そうなっていかなくてはならないと思います。これまで熱や空気といった環境因子は直接的にはかたちをつくる根拠にはならないものと見做されがちであったと思います。温熱環境に対する負荷を最小化するかたちであるとか、今後テクノロジーが発展すればシミュレーションによって導かれるようになるのかもしれませんが……。でも、それよりは飛騨のプロジェクトのように、その地域の文脈や産業、またそこに携わる人びとの生き方といったことと結び付けて多元的に根拠を求める方が、かたちをつくることにつながるような気がします。最近では地域の再生や資源の問題が極めて一般的な話になってきていますが、そこにどれだけ具体的な文脈をきちんとつなげられているかが、やはり表現につながってくるのだと思います。

千葉　青井さんが取り組まれている生環境構築史の話にもつながりますね。

青井　生環境構築史は、人類は構築技術の諸様式を段階的に手にして、地球を素材として地球の上に生環境をつくってきたんだ、という見方で人類史を捉え直そうとする運動です。早稲田大学の中谷礼仁さん、京都府立大学の松田法子さん、そして地質、土壌、歴史、美術など多彩な専門家がメンバーです。このグループで編集・刊行しているウェブジン『生環境構築史』の第5号特集「エコロジー諸思想のはじまりといま」を少しだけ紹介しますね。そこではヒューマン・エコロジーを4つの象限に分類する図を描きました。ひとつは大きな主体や大きな体制で取り組むと効率がいい、あるいは利益が大きいという立場。極端に

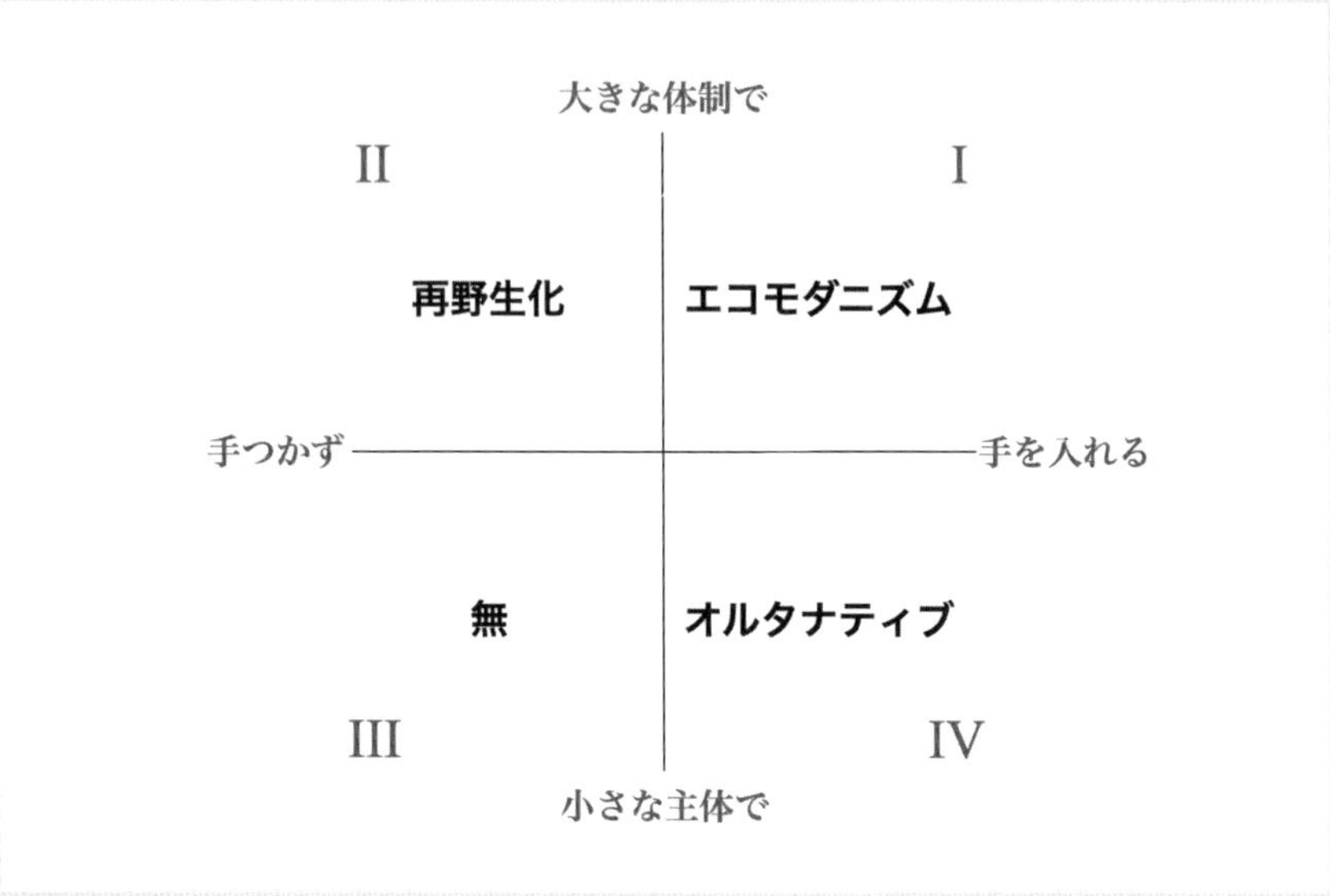

生環境構築史「エコロジー特集」より。ヒューマン・エコロジーのマッピング
作成：生環境構築史同人／出典：生環境構築史 HBH Webzine 06号 2021年11月

言えば、国連よりもさらに強い権力をもった連合が現れるとか、高度な技術を有する企業が世界中から出資を受けて一気に解決を図るのが正しいという立場。それに対して市民による環境運動のように無数の小さな主体のボトムアップしか信頼しないという立場があります。この上下の軸に対して左右の軸が、人間の自然への介入をよしとするか否かの軸です。こうして分けてみると、大きな体制でかつ人が自然に大胆に介入するべきというのがエコモダニズム（象限Ⅰ）で、農村や郊外住宅地は効率が悪いので、都市に集積すべきという立場とか、原発や遺伝子工学は効率よく人間が生きられるのでよいとする立場などもこれに分類できます。次に、大きな体制でかつ手付かずの自然を広げていこうとする立場は、「再野生化」といって、これまで人間が開発してきた場所を自然に還していこうという主張が最も先端的で、実際に近年具体的なプロジェクトも世界的に見られるようになっています。世界自然遺産も国連という大きな体制で、できるだけ手付かずな状態を守り増やしていこうというプロジェクトですね（象限Ⅱ）。エコモダニズムは人間の住む場所を縮約して効率を上げていこうとする立場で、自然は広がっていくことになるので

象限Ⅱと手を組めます。象限Ⅲは無為をよしとする立場で、ある意味で人間を野生化せよ、と考える。市民による環境運動などを中心とする象限Ⅳが先ほどのボトムアップの連携しか信頼しない考え方ですね。

社会科学系の議論では、お互いの立場から正当性を主張し合うのですが、生環境構築史の活動ではどの立場も頭ごなしに否定するのではなく、今日の一つひとつの場所は異質な構築のマダラ模様であって、その組み合わせ方を変えていくのが私たちに可能なことだろう、エコロジーもどれが正しいかではなく適切な組み合わせが大事だろうと考えます。象限で分けると対抗して見えてしまうのだけれど、上半分の立場の人たちも下半分の立場の人たちの同意調達をしないと進められない。異なる立場の人びとはもっている知識、技術、コネクションなどのリソースが違うので実は手を組むことによってお互いが変容していく可能性はあるわけです。建築家がその間を取り持つ役割を果たす未来は、あり得るでしょうね。

千葉　建築家の場合、様々なエリアでプロジェクトに関わります。例えば飛騨だからこそできることは、飛騨で実践することに価値がある。一方で都市においても同じように環境のことを考える必要がありますが、アプローチは全く変わってきます。その意味でも象限を対立的に考えるのではなく、組み合わせて変容させていくような思考は重要だと思いました。「森の端オフィス」では、広葉樹を建材として使用していますが、制度的な基準値の設定のない材料です。同じことを都市で大規模な建築物でやろうとするとかなりハードルが高い。それを実現するためには、制度をつくっている大きな体制の方に関わらなければなりません。一方で、小さな主体でやることによってモデルができ、それがある種のヴィジョンになって大きな体制を動かす、というような話はあり得る。地方でできることと都市でできることのギャップに違和感があったのですが、問題系を共有しながら状況に応じて異なる角度から象限の組み合わせ方を考えていると捉えれば、そのギャップは埋めていけるような気がしてきました。

青井　ひとつには、たまたま成立したあるモデルが周辺に波及して全体が変わるようなポテンシャルのある地域があるということと、もうひとつは似た問題系でアプローチできそうな地域同士をつなぐことで連携が生まれ得るということもあります。人口規模や産業に多少の違いはあれど抱えている問題に共通する点を見付けられれば地理的な隣接性とか文化的な共通性などを超え、距離と関係なく横穴が開いてつながっていく、というようなことは現に世界中で起きるようになっているでしょう。その横穴をうまく開けられるかどうかは、自分たちのプロジェクトの特徴をよく捕まえられているかどうかということに関わると思います。

千葉　伝え方やプレゼンテーションの方法は大きく変わってきているように思います。例えば「森の端オフィス」であればもののネットワークからどうつくっていったかということがドローイングとして表現されていたり、「ボーナストラック」であれば活動の循環が表現されたりなど、建築図面だけでは示せない表現が増えています。建築の背景にあることを伝えるために必要な表現ですが、読み込まないとわからないという側面もあります。それは僕らだけでなく、他の建築家の展示などを見ていても感じることです。

青井　１９２０年代のル・コルビュジエは近代の建築と都市の姿を構想しましたが、彼はその時ひとつの標準的人間像を同時に打ち立てようとしています。それは実際には人があまりにバラバラであることに対して新しい統治、新しい単純さを夢見ることだったのだと思います。対して、本来バラバラに生きている人びとがそのままに生き生きと動いていいんだよという世界を組み立てようと思うと、ありのまま、自然のままでいいという話になってしまいそうなのだけれどそれでいいわけじゃない。それを具現化するには方法が要る。その問題に、今でも読み直される建築家たちは皆関わってきました。

千葉　非常に難しい問題ですね。例えば、出来事の集積によって建築が成立しているといったことを表現する時に、写真やスケッチを膨大に示して時間的に変化していく様子を表現したり、変化のプロセスを模型で見せたりするなど、様々な表現が試みられていると思います。そこにはその表現でなければ伝えられない、些細ではあるけれど重要なことが隠れている一方で、再現性が少ない分、誰でも扱える方法論にはなりづらい。方法論にしていくためには重要な部分とそうでない部分を取捨選択して構造化していく必要がありますが、近代建築のようにプロジェクトの特殊性を切り捨てて標準化していくのではなく、プロジェクトの独特さを残したまま転用できるモデルを示せるような構造化の方法を考えなくてはいけないとは思っています。

ツバメアーキテクツが描くヴィジョン

青井　やはり建築家は世界をつくること、世界を変えることを考えるわけですよね。世界の一部を書き換えることが、世界全体が変わることにつながっていく、そういうヴィジョンをもつ者を建築家と呼ぶのだと思います。ツバメアーキテクツが目指す世界変革という意味ではどんなことを考えていますか。

山道　三者三様の考えがあると思いますが、僕から。つくりたいものと言うと難しいのですが、つくりたい状況としてはイメージしているものがあります。先ほどの分人とも共通していて、適当にいていい場所を都市空間の中に埋め込んでいきたいと思っています。雑然としている場所、色々なものをオフにできる場所を、むしろ建築家が関わってつくっていくことができると、人びとの暮らしがよくなっていくのではないかという思いがあります。「ボーナストラック」もそうですし、今神奈川県の藤野という場所で村づくりをするプロジェクト（p.164）に関わっています。中長期的なプロジェクトで、まず移住をするための母屋ができたという状況です。今後、外部の人が短期的に滞在できる場所をつくっていく予定です。元から藤野に住んでいる人、移住してきた人、短期的に関わる人という3種類くらいのタイムラインが重なるような建物をつくることで、色々な人がそれぞれのタイミングで関わることができるように考えています。藤野は移住先として人気があり、空き家もたくさんあるのですが、ちょうどいい賃貸がない。移住するには古い家を買ってリノベーションするか、自ら家を建てるかの選択肢がありますが、覚悟が決まった人にしか実践できないハードルがあるということです。そのままだといずれ今ある文化が失われてしまっていい方向にいかないのではないかという危機感がきっかけとなり、ちょうどいい関わりしろをつくるプロジェクトが動いています。これは東京とは違う場所に自分の拠点をもとうとする時に、覚悟を決めないといけないということでもなく、東京に住み続けるのとも違う、生きる条件を緩めていく一歩になります。とりあえずのスタートが切れる、その状態をつくることは面白くやりがいのあることだなと思います。様々な立場の人が出入りしやすい心理的に安全な場所を増やしていきたいという思いがあります。

青井　ツバメアーキテクツの中でも役割分担があると思いますが、山道さんは自分が動いてプロジェクトをつくり出していくスタンスなのでしょうか。

西川　自分で動くと同時に、どんなことでもプロジェクト化しようとする意識が強いです。建築的に取り扱いにくい問題に対しても、新たな切り口を見付けて進めていくのがうまい。

山道　例えばデザインとラボという枠組みは、通常は作品として世に出さない部分、「ボーナストラック」でいえばルールづくりについてなどを建築家による建築の実践として表明するためのシステムとして事務所設立時から導入した経緯があります。それによって建築家の仕事として位置付けたというか。これまでそうしたアプローチを採っていた建築家は、第三者からはわからないように隠すなど、作品とは切り離してきたと思います。建築の想定や宿命のようなもの自体に関わるならば体制として初めから打ち出す必要があります。

青井　人がなにかもう少し自由になろうとしている、それをいい方向にもっていけそうだという兆しみたいなものに鼻が効くのでしょうね。その嗅ぎ分けをしながら具体的な建築を設計していくことによって、皆が自由になりじわじわと全体がよくなっていくイメージですね。

西川　ツバメアーキテクツで働く中で、今までは建築として定義されてこなかった些細なことや、かたちになりにくいものを設計に位置付けていくこと自体に面白さを感じるようになってきました。大きな社会や体制との向き合い方も、闘うのではなく、むしろそれと併走したりそれを乗りこなしたりすることによってそういった些細なものも掬い上げられるのだなと最近は思います。最終的には建築がその人自身のものになることで、身近な問題を乗り越えるきっかけや、生活する楽しさにつながるとよいなと思っています。

以前は住宅であったり店舗であったり、用途が決まった状態で依頼されることが多かったのですが、最近ではふわっとしたイメージがあった上で、どうすれば実現できるかを共に考えたり、今まで認識されてこなかった使い方を空間化したりといった、抽象的な依頼が増えてきています。ひとつの建物をつくるということを超えて、少しずつ建築家に求められることが変わってきていることを感じます。

青井　よくわかります。近年、意欲ある建築家の皆さんに舞い込んでくる話は基本的にそのようになっているのではないかとも思います。図書館をつくりたいとか、そういうことではなくて、なにか実現したい〝状態〟があり、それが立ち上がってくるには誰と組んでどんなプロジェクトを組んでみるとよさそうか、というところから話が始まっていく。

千葉　本の内容を議論した際に、アマチュアリズムという言葉があがりました。僕らが生きる環境は、政治や経済、教育、福祉など様々な要素が複合して成立しています。それらの要素は相互に関係し合っているわけですが、なにかを動かそうと思っても各分野では専門性の壁によって物事が包囲されていてアクセスできない。そうした専門性への抵抗として思い浮かんだのがアマチュアリズムという言葉です。様々な物事がブラックボックス化されている状態から、もう少し自分たちが生きる環境を自ら決めることのできる状態をいかにつくれるか、そこに建築が関わることができると思っています。そのためには、新たな制度やシステムをトップダウン的に提案することではなく、どちらかというと、個別のプロジェクトに応じてそれぞれの条件の中で置かれている状況を理解し、ボトムアップ的に解きほぐしていくことから始めなくてはならない。

むしろ、個別性に向き合えるからこそ建築は、システムがつくる制約を批判し、組み換えていくことができる。飛騨のプロジェクトであれば、マスプロダクションが支配的な状況で身の回りの資源をどう扱うかという問題につながり、下北沢であれば商業優先の都市空間をいかに住民や利用者が自分たちでつくれる場所にしていくかということにつながり、それぞれに新しいあり方を提案していきたい。もちろん建築家は個別のプロジェクトからスタートしつつも、それらを横断するマニフェストを掲げる必要がありますが、そのひとつとして専門性からの脱却はあると思っています。

そしてそれは、専門化した建設産業の枠組みの中で新しいかたちを生み出そうとする建築表現を疑い、専門家として特別な立場にあるという建築家のオーソリティを疑うことにもつながっていきます。建築とはなにで、どのようにつくられるべきかという事物との関係を個別の条件から発見し、それを横につなげていくこと、建築家の役割はそこにあると思っています。

青井　仰る意味でのアマチュアリズムが対抗しようとするのは、つまり専門性による囲い込みの問題ですね。ではエンクロージャーに対する対立概念は？　というようにもう一度折り返してみると、コモンズという言葉に行き着きます。要するに建築が、様々な人びととの入会地であったらいいということですよね。皆が生きるための環境が、ある側面は行政が責任をもつ代わりに他の人には手出しができないようになっていたり、特定の産業でしかつくることのできない閉じたものになっていたりする。そうした様々な専門性によって細切れに囲い込まれて、そのアッセンブルで世界ができている状況に対して、もう少しトータルな入会地になるようにもっていこうというのが、ツバメアーキテクツさんがやられていることなのだと思います。

千葉　ありがとうございます。建築のもつコモンズ的な側面を活かすこと、引き続き考えていきたいと思います。

青井哲人
明治大学教授／建築史・建築論
1995年京都大学大学院工学研究科建築学専攻博士課程中退。神戸芸術工科大学助手、人間環境大学准教授などを経て、2008年より明治大学准教授、2017年より同教授。博士（工学）。
単著＝『ヨコとタテの建築論――モダン・ヒューマンとしての私たちと建築をめぐる10講』（慶應義塾大学出版会、2023年）、『彰化一九〇六――一座城市被烙傷，而後自體再生的故事』（大家出版、台湾、2013年）、『彰化一九〇六――市区改正が都市を動かす』（アセテート、2006年）、『植民地神社と帝国日本』（吉川弘文館、2005年）。共著＝『戦後空間史――都市・建築・人間』（筑摩選書、2023年）、『沖縄と琉球の建築｜Timeless Landscapes 3』（millegraph、2022年）、『地域文脈デザイン』（鹿島出版会、2022年）、『世界建築史15講』（彰国社、2019年）、『津波のあいだ、生きられた村』（鹿島出版会、2019年／2021年度日本建築学会著作賞受賞）、『日本都市史・建築史事典』（丸善、2018年）ほか多数。

あとがき　バラバラさに流れを

最近、あるコンペティションの審査員を務めていた建築家の話を聞く機会があり、審査のありようを「異種格闘技」に例えていた。作品主義的なものや、街づくり的なもの、不動産的枠組みを組み替えるもの、環境的なもの……など、建築のテーマが多様化し、しかもそれらの組み合わせによる複雑さがもたらす審査の混沌を、異種(互いに異なる、バラバラ)格闘技という言葉で表現したのだろう。規模・ビルディングタイプの違いに加えて、そこにたくさんの実践のカテゴリーが掛け算されるのが、2020年代の建築シーンなのかもしれない。

そもそも異種格闘技の面白さは、空手、ボクシング、キックボクシング、ムエタイ、柔術、レスリング、相撲……など異なるカテゴリーがごちゃまぜになるところにある。カテゴリーが横断することで、有利／不利の意味合いがコロコロ変わるのが面白い。倒されたかと思ったらそのまま下からの関節技で逆転、というような想像を超えた試合運びが熱狂を生む。今では「異種」のその先の、「総合」格闘技というひとつのスポーツとして洗練を迎えている。カテゴリー間を調停し、競技性を高めるためにルールが整備され、どのような体勢・戦況からでも仕掛けることができるように戦術が日々研究され体系化されつつある。

現時点の我々はバラバラさを抱えていて、まさに異種格闘技さながらの日々を過ごしている。それ故、これまでの取り組みをひとつの本としてまとめるのに1年間以上掛かってしまった。特に構成には多いに頭を悩ませた。取り組みの広がりを表現するためにもっとフラットで網羅的なキーワード集のようなつくりにするなど様々検討したが、最終的にメンバーそれぞれがまとまったヴォリュームのテキストをふたつずつ書くということに落ち着いた。そのおかげで、洗練され体系化されたものにまでは至ってはいないが、建築における価値(有利／不利、新／旧、前／後……など)を逆転させるようなカテゴリーを超えた連鎖をいくつか描くことができた。改造を前提とした設計、新築の商店街、ルールの変更を許容する体制、事前リノベーション、野生的な幾何学、メンテナンスから考えるデザイン、時間で変わる所有、玄関より手前の部屋、街のリバースエンジニアリング、不便さを活かした街づくり、ルールを越境する設え……などである。文章に書くことで、あとから振り返ってみれば、バラバラさの中にもうまくつながった「いい流れ」、「面白い流れ」が見えてきた感覚がある。もちろん失敗（シナジーが大して起きない、とか、組み合わせによる逆効果など）もたくさん経験している。この流れのつくり方を探求していくことで、バラバラさと創造的に付き合うことができ、単純な異種のその先へいけるのではないかと考えている。

また、同じプロジェクトが異なるテキストで繰り返し登場するのも本書の特徴だ。これは普段の仕事の進め方とも似ている。同じプロジェクトの設計を一緒に担当しながらも、メンバーそれぞれが互いに異なるテーマをもって臨んでいることによって、プロセスの途中で新たな支流が生まれて展開したり、滞留したら役割をスイッチしたりしている。方向性を共有しながらカテゴリーごとのパラメーターを個別にメンバー同士がもっと自由に動かしていける状況をつくれたら理想である。

我々の身近な建築の一生は設計して、つくって、使って、壊すという単純な線形のものではもはやない。もっとずっと不確かなもので、逆にいえば、どこにでもスタートラインを引けるものである。

まずは、読者の方々に、その補助線を描く道具のひとつとして本書を使ってもらえたらうれしい。

本書を完成させる上で、たくさんの方のお力添えをいただきました。ここまで根気強く伴走して下さったTOTO出版の川崎亮さん、箭野琢二さん、多岐にわたる内容を見事にまとめて下さったデザイナーの藤田裕美さん、本当にありがとうございました。また、鋭い視点を提供して下さった青井哲人さん、小川さやかさん、対談に加え撮り下ろしの撮影をしていただいた高野ユリカさんのおかげで私たちだけでは到達し得ない内容にまで議論を広げることができました。そして、新しいチャレンジにお声掛けくださるクライアントの皆様、事務所のメンバー、執筆期間を支えてくれた家族、プロジェクトで関わった全ての皆様に感謝申し上げます。

プロフィール

ツバメアーキテクツ

2013年、山道拓人、千葉元生、西川日満里により設立。

建築の設計をする「DESIGN」と、建築の前後を考える「LAB」の2部門を掲げ、両者を循環させるようにプロジェクトに取り組むことで、建築の新しいバランスを探る。受賞歴として、第34回JIA新人賞、SDレビュー朝倉賞、日本建築学会作品選集新人賞など。https://tbma.jp/

山道拓人（さんどう・たくと）

1986年　東京都生まれ
2009年　東京工業大学工学部建築学科卒業
2011年　同大学大学院 理工学研究科建築学専攻 修士課程修了
2011～2018年　同大学大学院 博士課程単位取得満期退学
2012年　Alejandro Aravena Architects/ELEMENTAL（南米／チリ）
2012～2013年　Tsukuruba Inc. チーフアーキテクト
2013年　ツバメアーキテクツ設立
2018～2020年　住総研客員研究員
現在　法政大学 准教授、江戸東京研究センター プロジェクトリーダー

千葉元生（ちば・もとお）

1986年　千葉県生まれ
2009年　東京工業大学工学部建築学科卒業
2009～2010年　スイス連邦工科大学 ETH
2012年　東京工業大学大学院 理工学研究科建築学専攻 修士課程修了
2013年　ツバメアーキテクツ設立
現在　東京大学非常勤講師

西川日満里（さいかわ・ひまり）

1986年　新潟県生まれ
2009年　お茶の水女子大学生活科学部卒業
2010年　早稲田大学芸術学校建築設計科修了
2012年　横浜国立大学大学院建築都市スクール Y-GSA修了
2012～2013年　CAt（Coelacanth and Associates）勤務
2013年　ツバメアーキテクツ設立
現在　横浜国立大学非常勤講師、早稲田大学芸術学校非常勤講師

クレジット

写真

高野ユリカ｜pp.001-016, 067, 073, 081, 097上, 123下, 157-159, 164上
新建築社写真部｜pp.050, 097下
写真提供：LIXIL／撮影：梶原敏英／転載：「CONFORT2022年12月号」｜pp.051, 059-060
Kenta Hasegawa｜pp.052, 160, 162, 182上, 185上, 186, 187下, 195-197, 210
提供：ヒダの森でクマは踊る｜pp.055-057, 199
TOTO出版｜pp.063, 129, 203
morinakayasuaki｜pp.093-095, 096上, 110-111, 117-121, 122上, 123上, 181上, 188
山岸剛｜pp.096下, p.098-099, 122下
中村絵｜pp.100, 184, 187上, 198
かえる舎｜pp.106上, 185下
散歩社｜pp.112-113, 126
FUKUSHI-GAKUDAN｜p.182下
楠瀬友将｜pp.183, 194

図版

ELEMENTAL｜p.035
Camp Design inc, 2023｜p.210

上記以外、ツバメアーキテクツ

校正協力

株式会社 鷗来堂

DTP

勝矢国弘

ふたしかさを生きる道具

2024年4月26日　初版第1刷発行

著者　ツバメアーキテクツ
発行者　渡井 朗
発行所　TOTO出版（TOTO株式会社）
〒107-0062 東京都港区南青山1-24-3 TOTO乃木坂ビル 2F
［営業］TEL 03-3402-7138　FAX 03-3402-7187
［編集］TEL 03-3497-1010
URL: https://jp.toto.com/publishing

デザイン　藤田裕美
印刷・製本　株式会社東京印書館

Printed in Japan
ISBN978-4-88706-406-5